古典文獻研究輯刊

十二編

潘美月・杜潔祥 主編

第 1 冊

《十二編》總目

編 輯 部 編

王國維圖書版本、目錄學著作書寫研究

鮑 廣 東 著

國家圖書館出版品預行編目資料

王國維圖書版本、目錄學著作書寫研究／鮑廣東 著 — 初版
— 新北市：花木蘭文化出版社，2011〔民100〕
目 2+128 面；19×26 公分
（古典文獻研究輯刊 十二編；第 1 冊）
ISBN：978-986-254-394-8（精裝）
1. 王國維　2. 傳記　3. 目錄學　4. 版本學　5. 文學評論
030.8　　　　　　　　　　　　　　　　　100000204

ISBN-978-986-254-394-8

9 789862 543948

古典文獻研究輯刊
十二編　第 一 冊　　　　　　ISBN：978-986-254-394-8

王國維圖書版本、目錄學著作書寫研究

作　　者　鮑廣東
主　　編　潘美月　杜潔祥
總 編 輯　杜潔祥
企劃出版　北京大學文化資源研究中心
出　　版　花木蘭文化出版社
發 行 所　花木蘭文化出版社
發 行 人　高小娟
聯絡地址　新北市永和區中正路五九五號七樓之三
　　　　　電話：02-2923-1455／傳真：02-2923-1452
網　　址　http://www.huamulan.tw 信箱 sut81518@ms59.hinet.net
印　　刷　普羅文化出版廣告事業
初　　版　2011 年 3 月
定　　價　十二編 20 冊（精裝）新台幣 31,000 元

《十二編》總目

編輯部　編

《古典文獻研究輯刊》十二編　書目

《十二編》各書作者簡介・提要・目次

第一冊　王國維圖書版本、目錄學著作書寫研究

作者簡介

　　鮑廣東，一九八四年出生，台灣宜蘭人，佛光大學文學系學士、碩士畢業，現爲佛光大學文學系博士班一年級、聖母醫護管理專科學校國文講師。

提　要

　　本論文以王國維圖書版本、目錄學著作的「書寫情形」爲主要研究課題，故除了先行確認王國維於「文學批評」及「圖書版本、目錄學」方面的治學成就之外，乃嘗試跳過討論王國維所提出的圖書版本、目錄學方面的議題，而是藉由對其之圖書版本、目錄學著作本身的「內容型式」、「敘述結構」和「書寫模式及筆法」等不同面向進行探討，期能藉以徵見王國維圖書版本、目錄學著作的整體「書寫情形」。

　　本論文凡分五章，第一章〈緒論〉，說明本論文的研究動機、目的和方法，並分析、探討前人相關研究成果和文獻，藉以確知本論文研究之主題方向。第二章〈王國維生平及其時代背景〉，略述王國維身處的時代背景和藏書文化發展情形，進而針對王國維的治學歷程、態度、方法和交遊情形作說明。第三章〈王國維文學批評〉，列舉王國維的重要文學批評著作；其次，探討王國維的「文學主張」和「文學理論」，藉以瞭解其所持的文學批評觀點。第四章〈王國維圖書版本、目錄學〉，本章係針對王國維研究圖書版本、目錄學的方法、態度及成就等，進行分析和探討，藉以作爲開展後章論述的基礎。第五章〈王國維圖書版本、目錄學著作的書寫情形〉，係藉由王國維該類著作本身

的「內容型式」、「敘述結構」和「書寫模式及筆法」等不同面向進行探討，觀照王國維圖書版本、目錄學著作的整體「書寫情形」。〈結語〉，最後總結全文並提供後續研究方向的建議。

目　次

福建刻書業典型代表，一直是全國最重要的刻書中心，刻書規模之大，持續之久，刻本數量之多，流傳之廣，影響之深遠，世所罕見。在中國古代出版史上，占據了極其重要的地位。

收入本書的文章，提出了許多被學界廣泛引用的重要見解。如對建本地名建安、建寧、富沙、東陽、崇川的辨析；對兩宋莆田、南宋泉州官私刻書的闡述中，所提出的本地刻書和閩人在外地刻書的辨析；特別是對建陽書坊在接受官、私方委託刻書，對其刻本的性質的認定的觀點，引起學界重視；在此基礎上，作者又進一步論證了書商為追求合理利益，促使圖書市場出現了出版者與印刷者的裂變與分離，使我國自古以來以坊刻為主體的出版業集出版、印刷與銷售於一身的三元結構方式，由此分離出三個既相互聯繫又各自獨立的行業，標誌著中國古代圖書市場產、供、銷專業分工的初步形成。這些觀點，道前人所未道，具有重要的學術價值。

目　次

第三冊　《四庫全書》的《詩經》學觀點研究

作者簡介

林怡芬

學歷：國立雲林科技大學漢學資料整理研究所，國立台灣師範大學國文系，省立虎尾高中。

經歷：國中教師

提　要

《四庫全書》的研究者多半從《四庫全書總目》研究其學術觀點，較少能從實際的著錄探討之，因此本文嘗試從《四庫全書》所著錄的書籍概況、四庫館臣所作的考證，來探討《四庫全書》的《詩經》學觀點。

本文共分六章。

第一章緒論，說明研究動機與目的外，並限定研究範圍、回顧前人的研究成果，以及簡述各章節的內容。

第二章探討《詩經》學爭議問題，以作為探究《詩》學觀點的前提。

第三章探討《四庫全書》之編修背景，得出：「尊經崇儒、崇孔尊朱」、「重

視《詩》教」、「重漢學考據」、「重視《詩經》的古音韻」、「保留三家《詩》學觀點」等《詩》學觀點。

第四章探究《四庫全書總目》經部詩類的《詩》學觀，得出：「推崇《詩序》」、「認為《詩經》是政治美刺詩」、「《詩》有淫詩，用以刺淫，非淫者自述其狀」等《詩》學觀點。

第五章從《毛詩注疏》的考證卷中探究《四庫全書》著錄的《詩經》學觀點，得出：「重漢學，兼採宋學」、「不盲從《詩序》」、「反對淫詩說」、「認同美詩，對於刺詩持保留態度」等《詩》學觀點。

第六章結論，總結本論文。

從以上三方面考察所得，大致符合向來我們認定的四庫館是漢學的大本營，《四庫全書》的學術立場是傾向漢學的，但是我們也發現《四庫全書》對於宋學的接受與認同。館臣雖是漢學派的追隨者，其編纂《四庫全書》用的也是漢學派的方法，但是卻不為門戶所侷限，拘泥於一家之說，反而能破除門戶之見，廣博採納各家之言，使《四庫全書》的內容更臻完備，這種學術立場是值得推崇的。

目 次

第四冊　孫德謙及其校讎目錄學研究

作者簡介

　　張晏瑞，一九八一年生，臺灣彰化縣人。臺北市立教育大學中國語文學系碩士。現爲萬卷樓圖書公司、國文天地雜誌社副總編輯兼總經理助理。曾任中央研究院中國文哲研究所研究助理、台北市立教育大學中國語文學系網站管理員、智園出版公司網路專案工程師。專攻領域爲經學、文獻學、專科工具書編輯學、數位典藏。著有《孫德謙及其校讎目錄學研究》、《臺灣歷史辭典補正》〈體例篇〉、《臺灣歷史辭典補正》〈版面設計篇〉、〈論文史辭典擬定體例的方法〉、〈詩經國風與小雅風格比較〉、〈臺灣地區漢學電子資料庫綜述〉等論文十餘篇。

提　要

　　本論文探討孫德謙之生平交遊、治學方法、校讎目錄學。從歷史考察的角度，對孫德謙在現今研究者視野下的形象進行觀察。又透過學術源流角度，對孫德謙之校讎目錄學著作，加以條理、分析、考察進行縱向觀察。

　　孫氏《漢書藝文志舉例》一書，爲《漢書》〈藝文志〉研究史上，首部全面歸納整理《漢書》

〈藝文志〉體例之著作。此為學術史中，首部從方法論角度談方志藝文志體例者。《劉向校讎學纂微》一書，探討劉向校讎中秘書之義例和方法。此於學術史中，亦屬首創之作。可見孫氏所著《漢書藝文志舉例》、《劉向校讎學纂微》二書，在學術源流上扮演的角色。此外，近代對於校讎、校勘、校讀三者彼此間的關係，孫氏在著作中，對三者之定義、範疇、方法，做出了明確的釐清。是學術史上首位對三者做出明確界定的學者。本文分析孫德謙之治學方法、校讎目錄學之研究及校讎目錄學之思想。

本文採用歸納法的方式，將孫氏所舉的條例重加整理，以見孫氏校讎目錄學之整體為：一、廣義的校讎學觀點，認為校讎學即目錄學，而其中包含校勘、輯佚、辨偽、編目等工作。透過對古書義理、各種版本、上下文句、文義的分析推理，以考訂文字。二、反對過度使用考據方法，僅透過訓詁假借方式，即對古書文字做出臆改。三、編次目錄時，孫氏將目錄書分為藏書家目錄、讀書家目錄、史家目錄。孫氏認為史家目錄之體例最為完備，持論最為公平，較能表現目錄書中「辨章學術、考訂源流」的目的。孫氏透過對《漢書》〈藝文志〉體例的歸納，提出編史志目錄的原則，也就是「志為史體」的概念。四、校讎工作的實務上，孫氏佐劉承幹編校《章氏遺書》，透過對《章氏遺書》校讎特色之分析，可見孫氏校讎理論之落實在《章氏遺書》的編校當中。

孫氏校讎目錄學對後世之影響，從余嘉錫撰著《目錄學發微》時，多徵引孫氏之說，以為參證。此外，後人研究劉向校讎中秘書以及《漢書》〈藝文志〉之體例，亦多徵引孫氏看法。可見孫氏之校讎目錄學成果對後世之影響。

目　次

第五冊　宋代私家藏書史

作者簡介

　　潘美月，臺北市人。臺灣大學中國文學碩士。曾任臺灣大學中國文學系教授、圖書資訊學系教授、佛光大學文學系教授兼系主任。研究領域為目錄學、版本學、印刷史、圖書館史、藏書史等。曾赴中國大陸、日本、韓國、美國、加拿大及歐洲諸國，除受邀講學外，亦遍訪各國圖書館，飽覽館中珍藏之古籍文獻。主要編著有《中國目錄學》、《圖書》、《圖書版本學要略》（增訂本）、《中國大陸古籍存藏概況》、《東亞文獻研究資源論集》及《古典文獻研究輯刊》等多部專書，以及發表於期刊及研討會之學術論文數十篇。

提　要

　　典籍之藏，其關係學術文化者甚鉅。欲察一時代學術文化之盛衰，輒可於其典籍收藏之豐盛與否窺見消息。惟歷代史冊所載，率屬皇室收藏，而於私家多付闕如。私家藏書之風，至宋代而盛。宋初承五代搶攘之後，公家藏

書零落，反有賴於私人之藏，加以雕版印刷流行，得書較易，藏書之家，指不勝屈，實開後世學者聚書之風。中國學術文化源遠流長，宋代私家藏書之風，有承先啓後之功，研究中國典籍與文化，不可不知有宋一代藏書之概況。私家藏書，雖史冊闕如，然宋人文章雜說中記述者，則不勝枚舉。本文博採史傳、郡志，遍搜歷代文集、筆記、雜說，兼及於公私簿錄，凡有可徵者，皆網羅考訂，彙爲此編，庶成一代私家藏書之實錄。

　　本書收錄之藏書家凡一百二十六人，其來源有三：第一、凡前人著述已記載者，不論其藏書多寡，但求其資料可考，皆予收錄。第二、凡藏書在萬卷以上，或數十年聚書，孜孜讎校者，雖前人著述不載，本文亦收錄之。第三、凡有藏書目錄流傳於當世者，雖不詳其收藏情形，亦加收錄。依時代先後，區分爲五代入宋時期、北宋承平時期、南北宋之際、南宋中興時期、南宋末期，各敘述其生卒年代、里貫仕履、收藏情形。並於首章緒論，分別論述宋代藏書家對於圖書之採訪、讎校、分類編目、保管、維護及利用等，期能藉此明瞭宋代私家藏書之梗概及特色。

目　次

第六、七、八冊　五家《補晉書藝文志》比較研究

作者簡介

　　許慧淳，臺灣雲林縣人，1981 年生。國立中興大學中國文學系學士，國立臺北大學古典文獻學研究所碩士，獲頒國立臺北大學 96 學年度應屆優秀畢業生飛鳶獎、中華民國斐陶斐榮譽學會分會國立臺北大學 97 年度新榮譽會員。曾於錦和高中任教，現爲新北市立清水高中國文教師。撰有〈《全清詞‧順康卷》在文獻研究的意義與貢獻〉，收入《中國文哲研究通訊》第 16 卷第 3 期（2006 年 9 月）；〈張宏生教授的中國古典文學研究〉，收入《國文天地》第 257 期（2006 年 10 月）；〈史料攷證的里程碑——《歷史文獻》評介〉，收入《國文天地》第 272 期（2008 年 1 月）；〈佐藤將之教授的中國先秦哲學研究〉，收入《國文天地》第 273 期（2008 年 2 月）；〈古典文學研究的入門書——《中國歷代文學總集述評》簡介〉，收入《國文天地》第 277 期（2008 年 6 月）等單篇期刊。另發表〈《全清詞‧順康卷》〉、〈《全元曲》〉、〈《全上古三代秦漢三國六朝文》〉、〈《全遼金文》〉等專書評論，收入林慶彰教授主編《中國歷代文學總集述評》（萬卷樓：2007 年 10 月）一書中。

提　要

　　史志目錄可反映各朝的圖書文獻與學術文化，但二十五史中僅有七部正史有之，其餘大抵陸續由清朝之後學者所增補，然筆者未見針對補史目錄進行研究之相關專書與學位論文。本論文有鑑於此，將歷代補史目錄進行蒐集，共得一百○五部，除將其表格化著錄出處之外，並概略式加以介紹，以期對補史目錄有清晰的認知。茲以爲，魏晉南北朝各國國祚甚短，往往一人跨歷諸多時代，因此難以明辨古籍文獻的歸屬時間，故擇取五家補《晉書‧藝文志》進行探討，以求確切得知該朝文獻，未來更可明確劃分其餘南北朝的書籍。

　　清朝對《晉書》進行補史目錄編纂者共有五部，依照刊刻時間順序排列爲：丁國鈞《補晉書藝文志》、吳士鑑《補晉書經籍志》、文廷式《補晉書藝文志》、黃逢元《補晉書藝文志》、秦榮光《補晉書藝文志》。首先，本論文介紹五位學者生平事蹟與《晉書》之相關著作。之後，依照《隋書‧經籍志》的分類方式，將五家收錄書目以「經部」、「史部」、「子部」、「集部」、「道經部」、「佛經部」等六大類加以表格化，並歸入附錄進行研究。至於析評《補晉志》分爲四大方向：其一，「分類之比較」，對於六大類的類目與書目入類

的差異進行評論與舉證，以知諸位學者對於晉朝文獻的分類觀點與歸類之正確與否；其二，「著錄書目之比較」，分析五家《補晉志》著錄書目的體例與名稱之異同，並對其總數量與存佚情形進行確切的統計，以知晉朝文獻之多寡；其三，「著錄撰者之比較」，分析五家《補晉志》著錄晉朝人名之異同，並對其總數量進行確切的統計，以知當代著書人數之多寡；其四，「援引資料之比較」，先探討五家《補晉志》著錄資料出處的體例，再以「經部」為觀察焦點，深入研究五位學者援引文獻之異同並統計其總數量，更對其運用資料的方式進行論述與舉證，以知各《補晉志》之取材來源。

　　由此可見，藉由本論文之研究，可知歷代補史目錄之種類與多寡、開創補史目錄研究之新方向、明晰五位學者之生平事蹟、考究各補晉志間部類之分合與特色、統計五家補晉志收錄書目與撰者之多寡，更能瞭解五家補晉志的資料使用方式。這些相關成果對於未來進行晉朝書目之考證、補史目錄之研究與《中國歷代藝文總志》之編纂，相信能有部分裨益與貢獻。

目　次

第九、十冊　李贄著作研究

作者簡介

　　王冠文，1973 年生，台北市人。東海大學哲學系、台北大學古典文獻學研究所畢業。現任教於新北市安溪國中。擅長目錄學、版本學。著有《李贄著作研究》。

提　要

　　本書是第一部全面研究李贄個人著作版本狀況的論文，其研究範圍包括《李溫陵集》、《李氏文集》、《李氏焚書》、《焚書》、《李氏焚餘》、《李氏續焚書》、《續焚書》、《李卓吾先生遺書》、《李氏藏書》、《藏書》、《藏書世紀》、《藏書紀傳》、《遺史》、《衡鑒》、《李氏春秋》、《史閣萬年》、《李氏續藏書》、《續藏書》、《卓吾先生李氏叢書》、《李氏叢書》、《李氏全書》、《李氏六書》、《李氏遺書》、《易因》、《九正易因》、《柞林紀譚》、《龍湖閒話》、《闇然錄最》、《永慶答問》、《初潭集》、《因果錄》、《老子解》、《道德經解》、《莊子解》、《南華經解》、《道古錄》、《明燈道古錄》、《心經提綱》、《淨土決》、《華嚴經合論簡要》、《觀音問》、《釋子須知》、《三教品》、《卓吾老子三教妙述》、《言善篇》、《孫子參同》、《陽明先生年譜》、《史綱評要》、《李氏說書》、《四書評》、《大雅堂藏書八種》、《枕中十書》、《李氏逸書》、《疑耀》、《李卓吾彙撰註釋萬形實考》、《刻李卓吾先生文章又玄整理》、《老人行》等五十餘本作者署名為李贄的著作，還有李贄已亡佚著作和李贄著作當代選集（不包括李贄的評點本與批選本）。

　　文中詳細列出李贄每一本著作的提要、序跋、目錄、版本，並討論其版本流傳、禁燬情形與進行辨偽。在版本整理方面，列出李贄著作目前可見的所有古籍善本、影印本、排印本與電子文獻。在每本著作的研究後面，附上目前可見的相關研究論文。

目　次

上　冊

第十一、十二冊　隱逸・山人・園居——周履靖及其《夷門廣牘》研究

作者簡介

　　葉俊慶，臺灣新北市人，國立中正大學中文所碩士，現為中學教師。曾發表有〈論唐代聯句詩在文學史上的意義〉、〈故國關山無限路，風沙滿眼堪斷魂——論李益邊塞詩中的回歸意識〉、〈《笑林廣記》中的諧謔意義析論〉、〈試論明代文學中的書面傳播〉等論文。

提　要

　　本論文乃是一宗環繞在〔明〕周履靖及其《夷門廣牘》為中心的個案研究，全文凡分五編，除了第一編〈導論〉以及第五編〈結論與展望〉之外，

核心的討論章次有三編，各編之間並有著一定的論述層次，說明如下：

第二編的〈《夷門廣牘》的編纂、版本與文獻價值〉屬基礎的分類整理與探討，故主要採取的是古籍文獻與版本目錄的討論方式：由於〔明〕周履靖生平資料極度缺乏，今人很難再從其他文獻史料中勾勒全套叢書編纂的前後因緣，因此，筆者透過細密的文獻爬梳功夫，由序跋、書目、內容等面向一一核對，藉此推估其可能的成書過程，進而依據清人藏書書目、海內外各大重要圖書館藏目錄以考察出現今《夷門廣牘》的版本收錄情形，並針對不同版本間的版式、行款、卷數、部類歸隸……等等進行比較，指明各個版本間的差異性，最後，將《夷門廣牘》置入明代圖書的發展脈絡底下，透過相同文類的比較及其與選本作品的關係，觀察《夷門廣牘》可能的文獻價值。

第三編的〈《夷門廣牘》中的文人生活體系〉則是將叢書的研究脫逸文獻討論的框架，轉而視其為某種文化史料的群集，透過「物質」、「遵生」與「審美」三種論述的角度，細膩地分析〔明〕周履靖如何透過不同書籍的內容以架構出一套文人理想中的生活模式，而這也是生活史學家經常強調的「有效的策略」。然而，必須說明的，在論述過程中，可能涉及有多種特殊領域的知識，包括風水、方位、導引、吐息、棋牌……等等，對此，筆者將著重在這些言論內容所呈顯的生活關懷，而不再一一詳述其源流與發展過程。此外，為了更能夠清楚地看出《夷門廣牘》所安排的各種活動在生活中的位序為何，筆者並打破〔明〕周履靖當初規劃的十餘種牘目型態，重新按其旨趣，分作「起居」、「尊生」與「游藝」三個主題歸納，如「起居」部分包括「宅」「園」意義的轉換、風水擇吉的觀念以及居家物件的擺設，「遵生」部分包括心神調攝活動以及飲膳烹調的規劃，「游藝」部份包括博弈、投壺、雜戲等玩娛活動、詩文書畫以及音樂、戲曲等雅趣活動。

第四編的〈周履靖的園居經驗與書寫活動〉則是延續了第三編關於文人理想生活的架構，探尋這種文人理想的生活模式一旦回歸至〔明〕周履靖的實際生活經驗時，又會呈現出如何的面貌。因此，本編以〔明〕周履靖園居經驗為核心，除了從現存相關詩文中稽梅墟園林的大體建制外，並且察探其中所展開的種種人文活動，包括園林空間的詮釋、園居經驗的書寫與對話……等等，筆者在進行文本解讀的同時，亦嘗試穿插多種園林史觀念以及文藝美學理論，希冀可以藉此讀出更多隱微的意旨與現象。

職是，從基礎文獻的分析掌握、到文本內涵的詮釋、再到實際經驗的驗證，

整體討論過程可謂是一步步地導入《夷門廣牘》的核旨與編輯旨趣，同時，這樣的討論方式或許也更能精確地切中相關文化討論。

目　次

第十三、十四冊　方苞的《周禮》學研究

作者簡介

　　劉康威，1976 年生，臺灣新竹人。東吳大學中國文學系碩士，發表學術論文數篇，碩士論文爲《方苞的周禮學研究》。

提　要

　　歷來關於方苞的研究，長期被文學方面所籠罩，而忽略其經學方面的研究。事實上，方苞以經學爲一切學術之本，其也深於經學的研究，尤致力於《周禮》與《春秋》。而欲了解方苞之學，首先應探究其經學。而本文則探討方苞的《周禮》學。方苞以《周禮》應稱爲《周官》，而其相關著作有《周官辨》、《周官集注》、《周官析疑》、《周官餘論》（已亡佚）。

　　本文於論述上主要五大部分進行。第一部分——方苞的生平與著作。首先介紹方苞的生平、學思、交遊與弟子、著作。第二部分——方苞與《三禮義疏》的纂修。接著介紹方苞研治禮學的經過與參與纂修《三禮義疏》。第三

部分——方苞的《周禮》觀。介紹方苞對《周禮》名義、反駁〈多官〉未亡說與《周禮》中聖人之治的觀點。第四部分——方苞的《周禮》解經方法。介紹方苞的集眾家之說、對前人說法的態度、對《周禮》本文的校勘、回歸經典等《周禮》解經方法。第五部分——方苞的《周禮》辨偽方法。介紹方苞的《周禮》辨偽方法。

目　次

第十五冊　秦漢爰書研究

作者簡介

　　陳中龍，1970 年生，2005 年畢業於國立中正大學歷史學研究所，取得博士學位。主要從事秦漢史與出土資料研究。碩士論文爲《秦漢爰書研究》，博士論文爲《漢晉家族法制研究》，皆爲秦漢法制史的重要課題，其他已發表論文近二十篇，亦以秦漢法制與出土資料爲主要研究對象。

提　要

　　文獻資料中，「爰書」之名僅見於《史記・酷吏列傳・張湯傳》，(《漢書・張湯傳》所記與《史記》相同)，司馬遷在敘述張湯審理的鼠盜案時，逐一列出西漢的訴訟程序，其中之一爲「傳爰書」。對於「傳爰書」的解釋，歷代學者意見分歧，導致這種結果的原因是文獻對「爰書」的記載太過於簡略，只憑文獻根本無法對「爰書」有任何深一層的認識。自簡牘陸續出土後，「爰書」的研究始有突破性的局面，尤其是雲夢睡虎地秦墓竹簡的出現，裡面的〈封診式〉有完整的爰書形式，可作爲討論的重要資料。舊、新居延漢簡中，也提供不同的爰書名稱與內容，得增加爰書研究的深度。

　　藉由〈張湯傳〉已知爰書使用於訴訟程序中，因此從復原訴訟程序來理解爰書的功能與角色，是一種最直接的方式，本書也嘗試從這方面著手，並認爲訴訟程序中的爰書，其功能主要有兩項，一是作爲被告的申辯書，二是作爲案件的調查報告書。但爰書並非只使用於訴訟程序之中，從居延漢簡所見的爰書名稱與內容發現，爰書可作爲非訴訟案件的調查報告書，例如吏卒「疾病爰書」是證明吏卒生病而作爲請假根據之文書，這類爰書未涉及訴訟案件，只作爲下級的證明報告書。可見因簡牘的出土，不但增加爰書研究的深度，同時也擴充了研究的廣度。

目　次

第十六冊　宣穎《南華經解》之研究

作者簡介

　　錢奕華，目前任職國立聯合大學華語文學系專任助理教授，曾任職於小學、泰國甘烹碧大學漢語專業系助理教授及中文教育系主任，兼任於國立空中大學、台灣師範大學華語文學科等，畢業於台灣師範大學國文系學士、台灣國立高雄師範大學國文系碩士班、博士班畢業，著作有《林雲銘《莊子因》「以文解莊」研究》（台北：花木蘭文化出版社，2009.3），《中國莊學史》（熊鐵基主編上下冊，下冊劉韶軍、錢奕華、湯君合著，著明清部分，福建人民出版社，2009.12）、《愛情文學》（陳碧月、錢奕華、許應華合著，著明清戲曲部分，台北・國立空中大學出版，2010.7），學術研究以莊學詮釋為主軸，教學以華語文教學與研究為重。

提　要

　　《莊子》在不同時代，有不同的理解與詮釋，故明末清初之解莊之作：宣穎《南華經解》，即在時代的烙印下，以理學之姿、評點之色，開展出不同的注疏風貌與內涵，經由其流暢之文筆、深刻之義理、超凡之妙解，別具眼識地昭顯出《莊子》之繽紛世界。

　　宣穎《南華經解》孤發於清初，沉寂於經學。自從乾、嘉以後，崇實黜虛之學術思維大興，淹沒了這一枝獨秀，統理宋明以來，文學與哲學之解莊鉅著。自從王先謙《莊子集解》援用宣穎之注解後，清代注莊者大多沿用而不絕，使得《南華經解》融合審美鑒賞與文章義理之解析方式，不絕如縷。

　　筆者欲以披沙揀金之態度，追本溯源，由窮究其清初莊學之時代背景，章顯出宣穎《南華經解》以文學之筆、哲學之思，總結宋明以來心學之大成，以儒家中庸與莊子互為表裡，運用評點之筆法，標示出莊子文章之結構章法，顯現莊子藝術與哲學之境界，在注解莊子的歷代注疏中，堪稱承先而啟後，

達其文理與哲理鎔鑄，可稱爲清初最具代表之注莊鉅著。

目　次

第十七、十八冊 西周銅器銘文所載賞賜物之研究——器物與身分的詮釋

作者簡介

鄭憲仁，高雄市人，國立臺灣師範大學國文學系學士、碩士、博士。現任教於國立臺南大學國語文學系。學術專長為：中國古文字學、先秦禮學（三禮）、古器物學、中國上古史。發表著作如：《西周銅器銘文所載賞賜物之研究——器物與身分的詮釋》（博士論文）、《周穆王時代銅器研究》（碩士論文）、〈銅器銘文所見聘禮研究〉、〈銅器銘文「金甬」與文獻「鸞和」之探究〉、〈銅器銘文札記〉、〈子犯編鐘——西之六自 探討〉、〈銅器禘祭研究〉、〈豆形器的自名問題——兼論器物定名〉、〈西周銅器斷代研究上的幾點意見〉、〈《殷周金文集成引得》與《殷周金文集成釋文》隸定相異處探討——以樂器為例〉、〈哀成叔諸器研究〉；〈周代「諸侯大夫宗廟圖」研究〉、〈關於《儀禮》儀節研究的探討——以〈公食大夫禮〉為例〉、〈《儀禮·聘禮》儀節之研究〉、〈郭沫若《周禮》職官研究之探討〉等。

提　要

　　本文研究的範圍爲「西周銅器銘文」中的「賞賜」，以「器物」和「身分」爲詮釋的重點。

　　本文將賞賜分爲「冊命賞賜」和「非冊命賞賜」兩類，以比較二者在器物與身分關係上的差異。由於冊命賞賜較有具體的條例，因此以冊命賞賜爲探討的主體。

　　冊命制度是西周政治運作的重要支柱，由此建構出君臣關係。冊命和封建、賜爵、授官是結合在一起的架構，經由冊命，身分能夠確立。

　　本文探索賞賜制度中的兩個要素：「器物」與「身分」。由此確定西周冊命制度下「物與人」的關係，並建立體系。本文對於「職官、服飾、車馬、鑾旂」進行了深入的分析。

　　在結構上：本文第一章爲緒論。第二章匯整傳世古藉（經典）與出土銅器銘文。第三章研究賞賜物，分析賞賜物的時代與等級。第四章研究身分等級，提出不同身分等級和賞賜物的對應關係。第五章爲結論。

目　次

第十九、二十冊　《比丘尼傳》及其補遺考釋

作者簡介

　　姓名：周奛

　　著學、經歷：已從教職退休

　　著作概略：《〈太平廣記〉人名書名索引》、《六朝志怪小說研究》、《神異經研究》、《老子考述》、《陰符經考》、《吳越釋氏考》、《〈比丘尼傳〉及其補遺考釋》、《尼師成道典型之研究》、《易經卦爻辭考說》、《周易翼傳考說》、《唐碑誌研究（一）——女子身份與生活部分》等。

提　要

　　寶唱和尚的《比丘尼傳》中所載尼師，時間長而篇幅短，實不足以考究彼時尼師之實情，因此而有本論文之作。

　　本論文考察的面向，略為：一、《比丘尼傳》考釋，二、補遺考釋；再者二者得出的資料上，作以下的分析與探討：（一）女眾入道的因緣、（二）比丘尼受具足戒的爭執、（三）比丘尼的堅持與成就、（四）法系考、（五）寺院考、（六）地域考、（七）罕見姓氏考、（八）比丘尼繫年長編、（九）本《考釋》可以補史志之缺者等九節。最後一章，則是「總結」。

　　其有不能涵蓋的，則作以下附錄：一、本傳索引，這包括了：書名篇、僧名篇、人名篇、職官篇、寺名篇、地名篇等；二、俗語名物典；三、刺史與州牧表。

　　至於另文之《尼師成道典型之研究》則是以漢譯巴利文原典《長老偈・長老尼偈》為入手資料所作的研究，很可以作拙著《比丘尼傳》及其補遺考

釋〉的補篇。尤其是一、入道因緣，既可以考見佛陀時期女眾入道之所以，又可與《比丘尼傳》中的女子作一比較，察其異同如何？二、入道法門，先以梁‧僧祐和尚的〈釋迦譜〉為底本，將長老尼眾因之得道的法門歸類；然後與《長老尼偈》、《比丘尼傳》者作比較，由於時代的差異，其成就的不盡相同處就自然顯現了。

本論文獲「國科會」之研究補助，補助文號是：NSC89-2411-H-324-006，又，本論文得陳仲和兄幫忙精校，謹致謝忱。

目　次

王國維圖書版本、目錄學著作書寫研究

鮑廣東　著

作者簡介

鮑廣東，一九八四年出生，台灣宜蘭人，佛光大學文學系學士、碩士畢業，現為佛光大學文學系博士班一年級、聖母醫護管理專科學校國文講師。

提　　要

　　本論文以王國維圖書版本、目錄學著作的「書寫情形」為主要研究課題，故除了先行確認王國維於「文學批評」及「圖書版本、目錄學」方面的治學成就之外，乃嘗試跳過討論王國維所提出的圖書版本、目錄學方面的議題，而是藉由對其之圖書版本、目錄學著作本身的「內容型式」、「敘述結構」和「書寫模式及筆法」等不同面向進行探討，期能藉以徵見王國維圖書版本、目錄學著作的整體「書寫情形」。

　　本論文凡分五章，第一章〈緒論〉，說明本論文的研究動機、目的和方法，並分析、探討前人相關研究成果和文獻，藉以確知本論文研究之主題方向。第二章〈王國維生平及其時代背景〉，略述王國維身處的時代背景和藏書文化發展情形，進而針對王國維的治學歷程、態度、方法和交遊情形作說明。第三章〈王國維文學批評〉，列舉王國維的重要文學批評著作；其次，探討王國維的「文學主張」和「文學理論」，藉以瞭解其所持的文學批評觀點。第四章〈王國維圖書版本、目錄學〉，本章係針對王國維研究圖書版本、目錄學的方法、態度及成就等，進行分析和探討，藉以作為開展後章論述的基礎。第五章〈王國維圖書版本、目錄學著作的書寫情形〉，係藉由王國維該類著作本身的「內容型式」、「敘述結構」和「書寫模式及筆法」等不同面向進行探討，觀照王國維圖書版本、目錄學著作的整體「書寫情形」。〈結語〉，最後總結全文並提供後續研究方向的建議。

目

次

第一章　緒　論

第一節　研究動機與目的

　　王國維，「海寧四才子」之一，畢生投注學術不遺餘力且多有創見，影響後世研究甚為深遠；其治學可謂中外兼容、古今並蓄，研究領域含括「經、史、子、集」四部之學，並擅於版本學、目錄學、考據學，此外在甲骨學、敦煌學、金石學方面的成就亦頗為卓越。

　　王國維自幼習文，國學底蘊深厚，後雖受西方文化洗禮卻不忘本，將西方文化觀念之優點化為養分吸收，繼而作為從事研究的輔具，探求中國文學研究之新解、新義，使其於文學評論及多方學術領域皆有重要之突破，並將中國學術研究推向前所未有的高度。中國近代學術大師陳寅恪曾針對王國維的治學方法和學術成就評曰：

　　　自昔大師巨子，其關繫於民族盛衰、學術興廢者，不僅在能承續先哲將墜之業，為其託命之人，而尤在能開拓學術之區宇，補前修所未逮。故其著作，可以轉移一時之風氣，而示來者以軌則也。先生（王國維）之學，博矣！精矣！幾若無涯岸之可望、轍跡之可尋。然詳繹遺書，其學術內容及治學方法，殆可舉三目以概括之者：一曰取地下之實物與紙上之遺文互相釋證，凡屬於考古學及上古史之作，如〈殷卜辭中所見先公先王考〉，及〈鬼方昆吾玁狁考〉等是也。二曰取異族之故書與吾國之舊籍互相補正，凡屬遼、金、元史事及邊疆地理之作，如〈萌古考〉及〈元朝秘史之主因亦兒堅考〉等是也。三曰取外來之觀念與固有之材料互相參證。凡屬於文藝批評及

　　小說戲曲之作，如〈紅樓夢評論〉、《宋元戲曲考》等是也。〔註1〕
由此可見陳寅恪對王國維學術成就給予高度肯定和評價，除言明王國維獨到
之治學方法外，也間接突顯王國維嚴謹、細膩的治學態度。所謂「有容乃大」，
王國維不受國族意識侷限，大方敞開心胸接受外來文化並善用之，加上其跨
學科領域之通才，使其學術涵養猶如廣納百川之浩浩大海，幾乎無所不包、
無所不容；更難能可貴的是，其學術研究常有創見，爲後輩另闢多條學術蹊
徑。綜合以上，莫怪乎陳寅恪以「大師巨子」比之。

　　王國維之才學博精，誠如陳寅恪所言：「先生（王國維）之學，博矣精矣，
幾若無涯岸之可望、轍跡之可尋」，然其學術發展歷程則未必無序可循。王國
維研究領域，初先以文學、哲學爲主，以《人間詞話》爲例，其中名言佳句、
內含意義多爲人所徵引，尤以「境界」一說更是爲人所熟知、樂讚，此足以
彰顯王國維國學造詣、文學底蘊之深厚。後王國維多受羅振玉帶領，學術思
維因此深受羅氏影響，從此其研究領域逐漸由文學、哲學轉向文獻學發展。
而王國維果眞無愧「才子」稱謂，研究領域一轉再轉，卻幾乎都能熟稔上手，
猶如「庖丁解牛，游刃有餘」；歷來不少學術上長年待解之疑義，經王國維悉
心考證、反覆思量，莫不迎刃而解，獲得明確且詳盡的解釋。因此，即使王
國維主要研究領域轉向「文獻學」發展，其於該領域之貢獻、成就同樣深受
肯定與讚揚，「二重證據法」便是一例。雖然依照現代學術研究標準而言，「二
重證據法」固然有需再商榷之處，然其理論精神與概念猶可視爲「文獻學」
研究方法之重要奠基者。王國維文獻學研究範圍廣博，含括甲骨、金石、圖
書、戲曲、邊疆（含敦煌）文獻等類目，若每一類目皆要求研究深入，恐非
本論文所能輕易掌握、達成之目標，故僅針對其中「圖書文獻」著手研究，
以避免「顧此失彼」而致論文焦點有所偏離。

　　前人對於王國維「圖書文獻」方面的研究，大抵由訓詁學、校勘學、版
本學、目錄學四個方向著手，研究成果不乏精闢、獨到之見解，均足堪爲後
進學者窺探王國維「圖書文獻」成就時之重要基石；然而，或許是囿於各專
業學科本身之限制，許多議題往往「點到即止」，仍餘留不少可進一步闡釋、
論述的空間，有待後進學者持續研究與開發。

　　王國維既於「文學」與「圖書文獻學」二類學科領域皆有卓越成就與貢

〔註1〕 陳寅恪，〈海寧王靜安先生遺書序〉，《海寧王靜安先生遺書》（臺北：臺灣商
　　　　務印書館，1976年），頁1～2。

獻，則二者或有結合討論之可行性，惟爲避免議題範圍過於廣泛導致焦點游移，本論文僅就王國維圖書版本、目錄學著作的「書寫情形」爲主要方向研究之。而透過探討、分析前人研究成果，發現關於王國維圖書版本、目錄學著作的書寫情形，尚未有以此爲主題的研究論著；因此，本論文嘗試從「內容型式」、「敘述結構」和「書寫模式及筆法」等不同面向，觀照王國維圖書版本、目錄學著作的整體「書寫情形」，是以命題曰：「王國維圖書版本、目錄學著作書寫研究」。

第二節　文獻探討與分析

　　王國維學術研究範圍橫跨多類學科領域，以其學術成就爲研究對象者乃各依所長而發揮，故論述主題、分析角度實屬多元；而本論文題爲「王國維圖書版本、目錄學著作書寫研究」，因此僅擇與本論文所欲研究之主題，關聯性較大者作爲探討、分析之對象，希冀能充分掌握、瞭解前人研究成果，並作爲本論文研究之基礎文獻，進而對於王國維之學術成就有更清晰、詳盡的認識。選擇之文獻如以下：姚淦銘《王國維文獻學研究》、黃永年〈論王靜安先生的版本學〉〔註2〕、吳修藝〈王國維《傳書堂藏善本書志》〉〔註3〕、李丙鎬〈王國維之文獻學研究〉等四則論著。

　　在開始分析前人研究成果之前，我們應對王國維本身的學術發展背景有概略性的認識。王國維學術領域初以文學與哲學爲主，〈《紅樓夢》評論〉一文，即爲其巧妙結合文學與哲學兩大領域之代表作品，從叔本華之哲思理念出發，爲後世中國古典文學研究另闢蹊徑，首刊載於西元一九〇四年出版的《教育世界雜誌》。民國元年（1912）王國維隨羅振玉東渡日本，深受羅氏影響，其學術領域遂從文學、哲學轉向文獻學研究爲主力。王國維文獻學研究範圍，歸類其方向大致有五：（一）甲骨文獻；（二）金石文獻；（三）圖書文獻；（四）戲曲文獻；（五）邊疆文獻（含敦煌文獻），蓋有卓越成就與貢獻；而本論文聚焦探討其「圖書文獻」方面之研究成果，不擴論其他方向之文獻學。

〔註 2〕黃永年，〈論王靜安先生的版本學〉，《王國維學術研究論集》（二）（上海：華東師範大學出版社，1987 年），頁 283～307。

〔註 3〕吳修藝，〈王國維《傳書堂藏善本書志》〉，《王國維學術研究論集》（二）（上海：華東師範大學出版社，1987 年），頁 308～341。

　　王國維在「圖書文獻」方面，對於圖書版本源流考釋、目錄編纂及訓詁校勘，無所偏廢且多著心力，除《傳書堂藏善本書志》、《五代兩宋監本考》與《兩浙古刊本考》外，尚有其他相關議題之單篇論著，如〈覆五代刊本爾雅跋〉、〈舊刊本毛詩注疏殘葉跋〉、〈殘宋本三國志跋〉……等，實乃力行「辨章學術，考鏡源流」宗旨之佼佼者。以下即針對姚淦銘《王國維文獻學研究》、黃永年〈論王靜安先生的版本學〉、吳修藝〈王國維《傳書堂藏善本書志》〉、李丙鎬〈王國維之文獻學研究〉等四則論著，依序分析、討論之：

一、姚淦銘《王國維文獻學研究》

　　姚淦銘（以下稱「姚氏」）《王國維文獻學研究》分上、下兩編，上編主要介紹王國維在文獻學領域的養成、貢獻及方法，下編則以王國維文獻學研究實例爲論述對象。對於王國維文獻學研究實例的討論方式，姚氏主要從文字學、訓詁學、音韻學（或稱「聲韻學」）三方面著手，展示王國維從事文獻考證的方法與成果。至於王國維版本學方面，姚氏在第七章〈《尚書》文獻研究〉中有所論及，針對王國維爲《尚書》版本辨證一事，姚氏云：「王國維《尚書》語文研究的一個重要方面是對版本進行辨證，因爲沒有這一基礎工作，《尚書》的語文研究則是寸步難行。」〔註4〕由於《尚書》流傳情況曲折複雜，各類版本雜出難辨，是以王國維爲《尚書》版本的考辨深著心力。姚氏分別從《觀堂集林》、《觀堂別集》等書中，整理出王國維考辨《尚書》版本相關篇章內文，並依時代劃分，自西漢至宋朝，依序詳述王國維對該朝代所刻《尚書》版本之辨證情形。

二、黃永年〈論王靜安先生的版本學〉

　　黃永年（以下稱「黃氏」）〈論王靜安先生的版本學〉一文，論述對象主要集中在《觀堂集林》中有關「版本學」之代表著作，有：〈覆五代刊本爾雅跋〉、〈宋刊本爾雅疏跋〉、〈宋越州本禮記正義跋〉、〈舊刊本毛詩注疏殘葉跋〉、〈殘宋本三國志跋〉、〈元刊本資治通鑑音注跋〉、〈兩浙古刊本考序〉等。上述所列，以「四部」分法不外經、史之屬；而於經、史之外，黃氏尚提及王國維對子、集二部亦有所工，指出《五代兩宋監本考》與《兩浙古刊本考》二部專著，所考辨之舊本乃「四部」兼備，不漏其一。文章後段則說明王國

〔註4〕姚淦銘，《王國維文獻學研究》（南京：江蘇古籍出版社，2001年），頁204。

維研究版本之方法與貢獻，強調王國維研究古史、甲骨文、金文時的主要方法乃「二重證據法」，即以「地下材料」和「紙上材料」相互參證，提高考辨之準確性及可信度；而《五代兩宋監本考》、《兩浙古刊本考》及其他諸篇版本學相關論著，不僅說明各書版本的個別問題和流傳情形，並爲中國圖書版本的發展沿革建立較明確之體系，有利於後進學者在此基礎上更進一步提出新的辨證成果。

此文論述方式大抵依循文本內容，進一步延伸、詮釋王國維之考辨，並議抒己見加以評論；文末更針對王國維部分考辨內容提出質疑，茲擇錄一段黃氏之言：

> ……就他（王國維）所重點研究的官版經、史來說，〈覆五代刊本爾雅跋〉認爲八行十六字本的《周禮》、《禮記》、《孟子》等源出五代、北宋舊監本是正確的，但說「前人皆誤以此爲蜀大字本」，就沒有講對，因爲從字體來看這幾種確實都屬於標準的蜀本風格，應是四川眉山重刻舊監本，前人以爲蜀大字本不能算錯誤。〔註5〕

由此可見，黃氏雖甚爲尊崇王國維本身的學術成就，甚至譽王國維爲中國版本學之重要奠基人，卻仍針對其說法不諱直言地提出質疑；姑且不論該質疑論點恰當與否，至少代表黃氏所言應偏屬「理性論述」，而非一般將研究對象吹捧至極的阿諛論調，是以具有一定程度的可讀性及可信度。

三、吳修藝〈王國維《傳書堂藏善本書志》研究〉

吳修藝（以下稱「吳氏」）〈王國維《傳書堂藏善本書志》研究〉一文，雖以「書志」爲研究對象，然其論述主軸非著眼於該書志的目錄學研究方法及貢獻，而是從版本學角度解讀《傳書堂藏善本書志》。關於王國維編撰《傳書堂藏善本書志》之始末，吳氏記載詳細，先明王國維與蔣汝藻二人相識過程，再言蔣汝藻委請王國維編撰《傳書堂藏善本書志》之原委，甚至蔣汝藻因從商失利以致「傳書堂」藏書散佚經過皆逐一詳述；並王國維《傳書堂藏善本書志》稿成後，因種種不利的客觀因素導致該書無法順利刊行，而市面上曾一度出現《傳書堂書目》、《傳書堂善本書目》等傳抄本，然內文多不見王國維眞正編撰之心血，即「提要」部分，僅有簡目而已。按吳氏所言，《傳書堂藏善本書志》版本除草稿本與定稿本之外，於二稿本之間尚有修改本存

〔註 5〕同註2，頁306。

在〔註6〕，可惜吳氏對此「修改本」並無進一步論述。

吳氏以爲《傳書堂藏善本書志》於結構上有兩項主要特點：其一，以元、明爲界，對於明以前各種書籍的提要著錄，蓋偏重從版本學角度的考辨；自明以後，則偏重對於前人書目的訂補及該書史料價值的介紹，如《千頃堂書目》。其二，以「四部」分類，於經、史二部偏重書籍雕版源流的考證及研究，且提要行文較長、內容較多；針對子、集二部則偏重於書目訂補，且其提要無論於行文長短、內容耙梳，相對於經、史二部而言皆較爲簡略。吳氏將此兩大結構特點，喻爲檢視《傳書堂藏善本書志》學術成就的關鍵，即版本研究與書目訂補。除此之外，吳氏亦提出另一檢視角度，即從《傳書堂藏善本書志》的著錄情況來看，王國維版本研究的重點，多集中在宋、元、明版的正經、正史部分，與《觀堂集林》中諸跋文、《五代兩宋監本考》、《兩浙古刊本考》的特點可謂不謀而合，而這也反映出王國維研究中國版本學之傾向與基本屬性。

四、李丙鎬〈王國維之文獻學研究〉

李丙鎬（以下稱「李氏」）〈王國維之文獻學研究〉，係以王國維之「文獻學」爲題，故其論述範圍未僅限於「圖書文獻」的部分，除一般學位論文常見的例行論述，如：王國維之生平、著述、治學方法與態度……等，主要論題則分類逐章表述，依序討論王國維之金石學、甲骨學、校讎學、邊疆文獻學（含敦煌文獻）。而與本論文欲探討主題之相關論述則集中於該論文的第五章〈王國維之校讎學〉，以王國維在「圖書文獻」方面的主要著述和貢獻爲核心論題，並分以訓詁學、校勘學、版本學、目錄學四個項目逐一探討之。

首先是「訓詁學」部分，李氏以爲：

> 訓詁學是探求古代語言的意義、研究語音與語義之間的種種關係的
> 學問。從來很多學者以注疏的方法訓釋古文經典，我們將這些歷代
> 的訓詁，分析歸納，明其源流，評其優劣，進而提出研究古語的新
> 方法、新途徑。〔註7〕

〔註6〕 吳修藝對此有註腳云：「趙萬里多次提及《藏書志》時，皆認爲此書只有草稿、清稿兩部稿本，並且認爲清稿三十巨冊皆由王國維「躬身繕錄」，據筆者（吳修藝）所見材料，趙說有誤。」因吳氏並無交代所見材料爲何，故此說仍有可商榷餘地。

〔註7〕 李丙鎬，〈王國維之文獻學研究〉（東吳大學中國文學研究所博士論文，1987

姑且不論本說法是否爲嚴格定義下的「訓詁學」，但此間已不難揣測李丙鎬眼中王國維「訓詁學」的基本理論藍圖；王國維〈爾雅草木蟲魚鳥獸釋例〉云：「物名有雅俗，有古今。《爾雅》一書爲通雅俗、古今之名而作也。其通之也謂之釋。釋雅以俗，釋古以今。」〔註8〕歸納《爾雅》釋例十四條，並發現「古昔命物之名皆有聲韻之關係，且聲之關聯尤多於韻之關聯」〔註9〕；李氏以爲此作大大提高了《爾雅》在訓詁學上之價值，且其研究概念和方法儼然成爲後世訓詁學研究者可循之蹊徑，此爲王國維於訓詁學方面一大貢獻。其次爲「校勘學」，李氏認爲「校勘」與「輯佚」乃互爲輔弼，故合併討論避免偏廢；於實物校勘、輯佚之例證，李氏舉出王國維四大重要成就：《水經注》的校勘、唐五代史料的校勘與補遺、古本《竹書紀年》之輯校、廣泛的手批手校，而這些成就不僅有利於抬昇校勘、輯佚之學的學術地位，更重要的乃其具正訛誤、補闕遺之效，對於提高文本解讀時的效率與精確性有實質之助益，此即王國維於校勘學方面之卓越貢獻。

　　再者，即論王國維之版本學。李氏以爲「版本學是研究版刻的鑑別、歷史、書品及源流的一門學問」〔註10〕，並與考辨書籍眞僞工作有密切關聯，是以訓詁、校勘等方法多爲版本學所用。王國維「版本學」方面著述，李氏舉《五代兩宋監本考》及《兩浙古刊本考》爲例，除對二書載錄情形略加說明，亦言明二書對於後世之貢獻，如其謂《五代兩宋監本考》一書：

　　……我們能夠得知世所謂三朝板（版）或邋遢本之前後史實，及南北宋胄監與元之西湖書院、明國子監之因果關係，皆此書之功勞。〔註11〕

再謂《兩浙古刊本考》：

　　……王氏（王國維）此篇以各州郡爲綱，以各地所刊書爲緯，序跋、行款及校勘諸氏銜名，無不備書，間附考證，亦多發前人所未發，成爲欲明南、北宋官刻之經過者或其他研究宋元版本者的主要參考書。〔註12〕

　　年），頁309。

〔註 8〕王國維，〈《爾雅》草木蟲魚鳥獸名釋例上〉，《海寧王靜安先生遺書・觀堂集林・卷五》，頁207。

〔註 9〕同註7，頁326。

〔註10〕同註7，頁319。

〔註11〕同註7，頁320。

〔註12〕同註7，頁320～321。

此間足見李氏對於王國維《五代兩宋監本考》與《兩浙古刊本考》二書之推崇。於圖書版本整理方法上李氏提出三項王國維之主要貢獻。其一，探討版刻源流且藉此鑑別版刻：以王國維〈覆五代刊本爾雅跋〉一文爲例〔註13〕；其二，多樣的鑑別方法：指稱王國維鑑別版刻時不執著於單一方法，而能靈活運用相關知識，例如從刻工姓名、行款、字體、避諱字、前人著錄、藏書印……等線索，多方辨別版刻；其三，舉出各僞造文獻所憑之原始資料並藉以辨別其眞僞：辨僞工作乃鑑別史料之基礎，王國維雖無探討「辨僞學」之專論，然觀其〈今本竹書紀年疏證〉，亦可察其辨僞方法之輪廓。

最後是王國維之目錄學。李氏指出王國維目錄學之素養多受清末民初版本目錄學家繆荃孫影響，其二人友誼與學術切磋情形，可於二人來往書信中窺見一斑。繆荃孫於善本書編目規格及著錄內容方面頗有創見，後王國維編《傳書堂藏善本書志》時即斟酌參用之。王國維目錄學之相關著作，李氏除列《傳書堂藏善本書志》，尚舉〈漢書藝文志舉例後序〉、〈大元馬政記跋〉、〈秘書監志跋〉……等文爲例，並「撮其旨意」略述諸文之內容概要。對於王國維在目錄學方面之貢獻，李氏共舉五條，其中尤爲重要者一爲王國維校勘藏書目錄，手校手批補之缺疏；二爲對「藏書志」之著錄體例、規格有所創新，使後世能夠對於相關文獻之掌握度更爲精確、詳細。

五、其他相關論著

除上述所討論的前人研究成果之外，尚有許多不以王國維版本學、目錄學爲題，內容卻有所關聯之論著。茲擇以下數篇並略作述要：洪國樑〈王國維之經史學〉〔註14〕，係探討王國維於考辨經、史方面的治學成就，並梳理王國維與顧炎武、章學誠的學術繼承與發展情形，以及與羅振玉、沈曾植等學者的學術互動關係；沃興華〈論王國維的二重證據法〉〔註15〕，係針對王國維「二重證據法」，分析此研究方法之優缺點，並詳列王國維運用此法之研究實例；方詩銘〈關於王國維的《竹書紀年》兩書〉〔註16〕，係以王國維〈古

〔註13〕王國維，〈覆五代刊本爾雅跋〉一文，內容主要探討日本室町氏重刊舊本《爾雅》之版刻源流。

〔註14〕洪國樑，〈王國維之經史學〉（臺灣大學中國文學研究所博士論文，1987年）。

〔註15〕沃興華，〈論王國維的二重證據法〉，《王國維學術研究論集》（二）（上海：華東師範大學出版社，1987年），頁259～271。

〔註16〕方詩銘，〈關於王國維的《竹書紀年》兩書〉，《王國維學術研究論集》（二）（上海：華東師範大學出版社，1987年），頁272～281。

本《竹書紀年》輯校〉、〈今本《竹書紀年》疏證〉爲研究對象，藉以探究王國維於文獻考據上的成就與侷限〔註17〕；吳修藝〈王國維校治《千頃堂書目》的成就〉〔註18〕，係以王國維校治《千頃堂書目》之貢獻爲核心論題，兼論《千頃堂書目》各校治版本之間的關係；周啓付〈王國維對圖書館學、目錄學的貢獻〉〔註19〕，係從圖書館學、目錄學角度，探究王國維在經史、文學、文字、聲韻、訓詁、金石……等以外之學術成就與貢獻；張舜徽〈王國維與羅振玉在學術研究上的關係〉〔註20〕，凡論王國維生平與其學術發展，羅振玉必然成爲關鍵人物之一，故張氏遂以二人在學術研究方面的關係爲題並析論之。

　　通過以上的文獻探討與分析，可發現關於王國維版本學、目錄學方面，仍有可進一步延伸議論之處：其一，《傳書堂藏善本書志》書目分類方式與目錄學史上之意義；其二，目錄提要、版本考辨之書寫情形。首先，關於《傳書堂藏善本書志》，吳修藝、周啓付等人雖有相關論著，然焦點多集中該書志於圖書版本考證及校勘書目兩方面，而無專門討論《傳書堂藏善本書志》書目分類方式與目錄學史上之意義，故此點應有可再深入探討之研究價值。其次，以往研究者多著重討論王國維於版本考辨的正確性及成就貢獻，而其爲如何書寫目錄提要及其考辨圖書版本的過程，則少見對此議題有所論及之篇章，故筆者以爲此二議題仍有可多著墨、探究之餘地。

第三節　研究範圍與方法

　　本論文題爲「王國維圖書版本、目錄學著作書寫研究」，主要係爲瞭解王國維圖書版本、目錄學著作的整體書寫情形。然而，王國維著有諸多版本學、目錄學相關文章，內容所涉及層面往往橫跨各類專門學科，非輕易可言之盡全。故本論文研究範圍係針對探討王國維圖書版本、目錄學著作的書寫情形，

〔註17〕 王國維，〈古本《竹書紀年》輯校〉、〈今本《竹書紀年》疏證〉二文，收錄於趙萬里編，《海寧王靜安先生遺書》，頁4505～4670。
〔註18〕 吳修藝，〈王國維校治《千頃堂書目》的成就〉，《王國維學術研究論集》（二）（上海：華東師範大學出版社，1987年），頁342～352。
〔註19〕 周啓付，〈王國維對圖書館學、目錄學的貢獻〉，《王國維學術研究論集》（三）（上海：華東師範大學出版社，1990年），頁300～312。
〔註20〕 張舜徽，〈王國維與羅振玉在學術研究上的關係〉，《王國維學術研究論集》（二）（上海：華東師範大學出版社，1987年），頁410～419。

如其撰寫此類著作時所採用的文體、結構的鋪排、書寫模式和筆法等；至於著作本身的內容及考辨例證之正確性，本論文或有述及卻不以此為研究主軸。本論文所依據主要文本為王國維《傳書堂藏善本書志》、《五代兩宋監本考》、《兩浙古刊本考》、《觀堂集林》、《觀堂別集》，並倚之為核心論題；進而參照趙萬里編輯《海寧王靜安先生遺書》中諸篇與本文論題相關之文章，以利深入了解王國維版本學、目錄學之學術脈絡和書寫情形。

本論文係以「文獻分析」、「歷史分析」及「文本分析」為主要研究方法，期望藉此三種研究方法強化本論文論證結構的完整性。大致說明如下：

一、文獻分析

首先，回溯前人研究成果並思考能夠進一步論述之可能議題，此即前文「文獻探討與分析」一章；次者，藉前人研究成果為議論基礎，作系統性的歸納與整理，目的為比較前人各自所持研究觀點之異同，釐清前人對於王國維圖書版本、目錄學成就之評價和看法，進而提出筆者個人意見與想法。

二、歷史分析

本論文主要探究王國維圖書版本、目錄學著作的「書寫情形」，故擬先從其家庭學風、生平著述、文學好尚、交遊等方向著手，釐清影響其治學發展的可能因素，而此屬王國維的「個人」部分。其次，以王國維身處時代之學術氛圍為方向，因其身處於中國歷史上一段尤為動盪不安的時代，故該時代的環境背景與學術風氣，泰半會對其思想邏輯、學術好尚等多方面具有一定程度的影響力，故本論文擬分析該時代背景與學術風氣，藉以側觀王國維個人學術發展脈絡，進而引為討論之佐證。

光緒二十八年，王國維受請任教於南洋公學〔註21〕，後經推薦前往通州師範學校主講心理學、倫理學，時已入光緒二十九年；民國以後，其先後任教於倉聖明智大學、北京大學（通信導師）、清華國學研究院等院校；民國十二年，受薦擔任清遜帝溥儀的「南書房行走」，因此得見宮藏古器、善本。由此臆想，倘藉清末、民初之歷史文獻並配合相關論著，或可照見王國維學術發展脈絡之幾分端倪。故茲列部分預計參考之相關文獻，作為研究方法「歷史分析」之依據，如下：桑兵《清末新知識界的社團與活動》、吳廷嘉《戊

〔註21〕 「南洋公學」即「上海交通大學」之前身。

戌思潮縱橫論》、鄭曦原編《帝國得回憶：《紐約時報》晚清觀察記》、桑兵
《晚清學唐學生與社會變遷》、趙建國《分解與重構：清季民初的報界團
體》、饒懷民《辛亥革命與清末民初社會》、葛兆光《西潮又東風：晚清民初
思想、宗教與學術十講》……等。再者，王國維編撰《傳書堂藏善本書志》，
與清末民初「藏書文化」關係密切，遂亦引此為重點課題之一，相關參考
文獻如下：徐凌志《中國歷代藏書史》、李希泌與張椒華編《中國古代藏書與
近代圖書館史料》（春秋至五四前後）、焦樹安《中國古代藏書史話》、李瑞良
《中國古代圖書流通史》、顧志興《浙江藏書史》、傅璇琮等編《中國藏書通
史》……等。

三、文本分析

　　本論文研究方法「文本分析」大致可分三個層面探討：一、內容型式；
二、敘述結構；三、書寫模式及筆法。「內容型式」，即釐清王國維圖書版
本、目錄學著作的文體屬性；「敘述結構」，即探討王國維圖書版本、目錄學
著作之敘述方式及鋪排結構，觀察其思維脈絡和論證走向的流動情形；「書寫
模式及筆法」，即探討王國維此類著作的書寫模式屬性，並檢視其所使用的筆
調和鋪陳技巧，進而思考這種書寫模式和筆法可能會帶給讀者什麼樣的閱讀
印象和感受。藉由從上述三個不同面向的觀察，希冀能較為全面式地瞭解王
國維圖書版本、目錄學著作的整體書寫情形。

第四節　預期成果

　　圖書版本、目錄學作為獨立學科，有其專門、獨特的研究方法，若非興
趣此道之人往往將之視為畏途，認為是「深澀難嚼」的專門學問；不過，王
國維既為一代文壇奇葩，卻仍對圖書版本學、目錄學多所鑽研且頗有心得。
既然，王國維國學底蘊豐厚、文采亦屬不凡，且於圖書版本、目錄學方面成
就不俗，故筆者以為其圖書版本、目錄學著作的書寫情形有進一步深入探討
之價值，甚至可提供後續有志於從事圖書版本、目錄學之研究者，作為撰寫
相關論著時的重要參考依據或範本。因此，本論文係以探討王國維圖書版本、
目錄學著作的「書寫情形」為主要研究方向，大抵規劃如下：首先釐清王國
維圖書版本、目錄學的研究方法與觀點，進而針對其該類著作的「內容型式」、
「敘述結構」及「書寫模式和筆法」作分析、探討，嘗試梳理出王國維圖書

版本、目錄學著作的「書寫情形」的整體樣貌。筆者不敢稱本論文能補前賢研究之不足，惟希冀能有「拋磚引玉」之作用，提供後進研究者另一種審視圖書版本、目錄學著作的詮釋角度和解讀方式。

第二章　王國維生平及其時代背景

　　王國維一生致力於從事學術研究，治學方向呈現多元化發展，橫跨多類不同的學科領域，包括文學、史學、哲學、心理學……等，皆能覓見其研究之足跡；另一方面，王國維在每個不同治學階段中，皆有其當下所特別關注的學科領域，這除了和其本身的個性、志趣有關之外，或者亦有其他的外在條件，是促使王國維治學興趣轉向的因素。因此，本章規劃先從「大環境」著手，瞭解王國維所身處的時代背景和當時的藏書文化；其次，探討王國維的生平和其治學歷程、方法、態度等，藉以掌握王國維一生治學的大致情形；最後，探討王國維的交遊情形，釐清與王國維相交之友人，在其不同的治學階段中所扮演的角色和重要性。期能藉由本章的論述，大致瞭解王國維整體的治學情形。

第一節　時代背景概述

　　清道光二十年（1840）鴉片戰爭爆發，一舉打破了中國長久來總以「泱泱大國」自居的美麗想像，各種衰頹腐敗、矛盾晦暗的事實，逐漸被迫殘酷地揭露在所有人眼前。往後近一百年間，國勢動盪不安，內憂外患不斷，不僅各國列強大舉侵略，國內帝權瓦解與短暫復現、軍閥交相混戰、各黨各派奪利爭權；若說這時候是中國近代史上最多變故且極為混亂的時期，絕不為過。而王國維（1877～1927）正是生長在這樣一個紛亂不堪的時代裡，其一生經歷許多國難，如：甲午戰爭、庚子拳亂、八國聯軍、辛亥革命、袁氏稱帝、張勳復辟……等中國近代歷史上的重大事件。

時局紛亂，受到外來政權強勢入侵，不少知識份子開始有所自覺，反思不能再繼續故步自封下去，心態必須有所調整，要汲取他人之長以補自身之短，逐漸願意接受並學習外來文化；因此，當外國的學術研究方法、觀念與中國本身自有的傳統治學文化相互激盪、碰撞的時候，所迸出的激烈火花光彩奪目，使中國近代學術發展攀向另一個高峰。在此同時，大量地下文獻陸續出土，許多以往秘藏之舊籍亦大量散出，因而產生諸多有待釐清的新學術課題，包括文獻的重新解讀、詮釋或考證等事宜，皆吸引到不少同好、學者積極努力地投入這方面的研究工作，幾乎蔚為一時之風氣。

身處於這樣的時代背景之中，王國維憑其本身過人之才與敏銳的學術嗅覺，加上努力不懈和熱衷探求新知的研究精神，即使現實生活泰半處於勞頓煩心的狀態，猶能夠抓住最佳契機，開創出新的學術局面；誠如陳寅恪所稱：王國維確實是位「能承續先哲將墜之業」、「能開拓學術之區宇，補前修所未逮」、「可以轉移一時之風氣」的學者，其學術成就之高、貢獻之多，至今後進學者仍能多所受用與效法。

第二節　清末民初藏書文化概述

清末民初國事衰頹、政局動盪，隨著各種內憂外患的侵擾，大清帝國逐漸走向衰落與覆亡的局面；列強文化的大舉入侵，強烈衝擊中國既有文化與觀念，包括「藏書文化」。過去「官府藏書」與「書院藏書」型態的藏書事業，在此時期逐漸為「公共藏書」的開放概念所取代，與「私家藏書」成為清末民初的兩大藏書系統。

一、私家藏書

論中國藏書文化的起源可遠溯至先秦時期。《呂氏春秋・先識》：「夏太史令終古，出其圖法，執而泣之。夏桀迷惑，暴亂欲甚，太史令終古乃出奔如商。」〔註1〕又《尚書・多士》：「惟爾知，惟殷先人，有冊有典，殷革夏命。」〔註2〕可知夏商時期典籍文獻的收藏系統已逐具雛形。而周代藏書規模相較夏

〔註1〕秦・呂不韋，《呂氏春秋・先識》（臺北：臺灣商務印書館，1968 年），頁247。

〔註2〕清・阮元校勘，《十三經注疏・尚書・多士》（臺北：藝文印書館，1976 年），頁238。

商二代則有重大變革，就藏存的典籍文獻數量而言，周王室所藏典籍文獻豐富，清章學誠讚曰：「周官之籍富矣！」〔註3〕即便今已難窺探周王室所藏典籍文獻之全貌，然藉由其他文獻所載述猶能窺其一二，故大抵推測周王室所藏典籍文獻數量應屬龐大〔註4〕；另一方面，諸侯國除周王室所賞賜之「典冊」外〔註5〕，各諸侯國本身的「春秋」與本國著述亦在藏存之列，且當時各諸侯國之間典籍文獻流傳情形並非鮮見，故周王室與諸侯國之官藏典籍文獻數量尤為可觀。其次，以典籍文獻的保存方法來說，《穆天子傳・卷五》：「蠹書于羽陵」郭璞注云：「謂曝書中蠹蟲，因云蠹書也。」〔註6〕即當時典籍文獻載體多為簡冊、帛書，而簡、帛易受潮侵蟲蛀，故為妥善保存典籍文獻將之曝於陽光之下，此法謂「曝書」，乃為周代維護典籍文獻的主要方法。除周王室及諸侯官藏之外，當時由於宗法制度崩解所衍生「諸子蜂起，百家爭鳴」的現象，連帶引發中國藏書文化重要革新：「私家藏書」的興起。自此以降，「私家藏書」儼然成為中國藏書系統中相當重要的一環，歷來享負盛名的私家藏書樓閣不勝枚舉，並各有其收藏特色，而此藏書型態行至明、清時期發展愈見蓬勃，然究其濫觴則當可溯源及周代。

隨著朝代更迭、文化變遷，各個時期的私家藏書文化所表現出的特色不盡相同；即便同為一朝代，如清朝，前、中、後期的私家藏書文化特色各有所異，若再參以地域差異作比較探討則更加複雜。舉凡文化型態的轉變必然有其潛在因素與外在客觀條件，尤其是在政局動盪不安的時期，政治、經濟及生活型態等各層面急遽產生重大變革，整個社會結構幾乎是重新排列組合，連帶牽動各類文化型態轉變並以新的樣貌呈現。以「清末民初」為例，在此戰亂頻繁、社會動盪不安、生活環境嚴苛的外在條件之下，文獻典籍保存不易，往往受兵燹劫難而散佚，僥倖躲過戰燼所流存下來的文獻典籍，在此同時，無論是「重新組構」或「變賣易主」的情況絕非鮮見罕事。換句話說，戰亂使得過去深藏於官府、書院密閣之內的珍貴文獻典籍部分流入民間，

〔註3〕 清・章學誠，《文史通義》（臺北：廣文書局，1981年），頁44。

〔註4〕 考據陳述詳見傅璇琮、謝灼華主編，《中國藏書通史》（上）（寧波：寧波出版社，2001年），頁12。

〔註5〕 《左傳・定公四年》：「……備物、典策、官司、彝器……。」楊伯峻釋曰：「『典策』為典籍簡冊」並云：「周禮盡在魯，必有典籍簡冊賜之。」詳見楊伯峻，《春秋左傳注》，中華書局1981年版。

〔註6〕 晉・郭璞注、洪頤煊校，《穆天子傳》（臺北：臺灣商務印書館，1968年），頁28。

而整體經濟的瓦解與崩盤，導致不少藏書世家後代，因家道中落不得不變賣祖藏以為生計，故其他財力較豐的藏書家遂爭相收購散出的珍籍密本，一時間書林新秀紛而鵲起；此批後起新秀不僅承襲了中國以往的藏書傳統，也受到外國藏書觀念的強勢衝擊，在兩大文化激烈碰撞、融合的過程之後，逐漸發展出「清末民初」時期的藏書文化特色。

清朝末年，中國私家藏書以四大家樓閣最具代表性，即：常熟瞿氏「鐵琴銅劍樓」、山東聊城楊氏「海源閣」、歸安陸氏「十萬卷樓」及「皕宋樓」、錢塘丁氏「八千卷樓」，其他尚有如廣東豐順丁氏「持靜齋」、國英「共讀樓」、方功惠「碧琳琅館」……等諸家亦聞名一時。而這批藏書家聚書時間大抵以道光、咸豐、同治到光緒初年，猶屬「清末民初」的前期，藏書觀念和習慣多沿襲傳統，然已有逐步改變的情形發生，如國英「與人共讀」的開放藏書觀念，故此時期可視為新舊藏書文化交替的過渡時期。

時入清朝與民國交替之際，時局更顯混亂複雜，然而在此時期有另一批書林新秀繼「清末四大家」之後奮而鵲起，如享有「海上三大家」稱譽的蔣汝藻、劉承幹、張鈞衡，「北傅南葉」的傅增湘、葉德輝，及其他各具特色藏書名家，如：羅振玉、董康、陶湘、李盛鐸……等人。此時期的私家藏書文化有幾項重要特色：一、重視收購名家舊藏、遺藏，如蔣汝藻「傳書堂」收有范式「天一閣」、陳氏「聽詩齋」舊藏善本，李盛鐸收有袁芳瑛「臥雪廬」舊藏……等。二、藏書聚散無常，因為處於社會動盪、戰亂頻繁的時代，導致藏書家政治地位與經濟收入都不太穩定，往往得迫於現實狀況而將藏書散出，倫明《辛亥以來藏書紀事詩》描述王叔魯，有詩云：「王張潘李散如煙，官去無權保簡編」〔註7〕，及描述方爾謙移居津門後生活的情形云：「比聞書已盡出，日惟以借小債度活」〔註8〕。三、藏書多元化，過去藏書多以傳統經、史、子、集作為主要收藏重點，然民初學風漸開，學術研究領域日益多元化，因此各類專業領域的典籍文獻，幾乎都有藏書家致力收藏。四、刻書風氣盛行，時有張之洞、葉德輝等人，積極提倡刊刻叢書一事，張之洞《書目答問‧勸刻書說》云：

> 凡有力好事之人，若自揣德業學問不足過人，而欲求不朽者，莫若

〔註7〕倫明，《辛亥以來藏書紀事詩外二種》（北京：燕山出版社，1999年），頁114。

〔註8〕同註7，頁74。

刊布古書一法。但刻書必須不惜重貲，延聘通人，甄擇秘籍，詳校精雕。其書終古不廢，則刻書之人終古不泯，如歙之鮑（鮑廷博）、吳之黃（黃丕烈）、南海之伍（伍崇曜）、金山之錢（錢熙祚），可決其五百年中不泯滅，豈不勝於自著書、自刻集者乎？且刻書者傳先哲之精蘊、啓後學之困蒙，亦利濟之先務、積善之雅談也。〔註9〕

葉德輝《書林清話・總論刻書之益》亦云：

積金不如積書，積書不如積陰德，是固然矣。今有一事，積書與積陰德皆兼之，而又與積金無異，則刻書是也。〔註10〕

此皆有助於促進學術發展，同時也對於保存珍貴文獻有莫大助益。五、化私秘爲公開，以往藏書家多有秘籍珍本不輕易示人的習慣，但是隨著文化的逐步開放，視文獻典籍爲「天下之公器」的觀念日益盛行，洪有豐在《清代藏書家考・引言》云：

昔私人藏書，較今之圖書館誠遠不相及，但當時既無所謂「圖書館」，而國家之藏書，又非普通人士可得閱覽。則各於其鄉里，實幸有一二藏書家可供借閱。雖亦有限制綦嚴，不肯輕假者，然苟有因緣以求之，未嘗無可得之希望。而慷慨不稍吝者，亦不乏人。

〔註11〕

事實上，甫自國英創建「共讀樓」時，此風早已逐漸耕植於人心，願意將秘籍珍本予同好共享閱讀，如王國維曾遍閱蔣汝藻「傳書堂」之珍藏並爲其編纂藏書志即是一例〔註12〕；另一方面，這種開放的藏書觀念亦確立了清末民初「公共藏書」系統發展的基本架構與價值。

二、公共藏書

「公共藏書」與「私家藏書」爲清末民初時期兩大重要藏書系統，其二者的發展情形不僅爲並列關係，同時也是互有交流、相得益彰的關係。「公共

〔註 9〕 清・張之洞，《張之洞全集・書目答問・勸刻書說》（石家庄：河北人民出版社，1998 年），頁 9975。

〔註10〕 清・葉德輝，《書林清話》（臺北：文史哲出版社，1998 年），頁 23。

〔註11〕 洪有豐，《清代藏書家考・引言》（香港：中山圖書公司，不著出版年），頁 2。

〔註12〕 王國維，〈樂庵居士五十壽序〉云：「余家無書，輒假諸居士，雖宋槧明鈔，走一力取之，俄頃而致。……余在海上時，視居士之書猶外府也。」收錄於陳乃乾輯，《觀堂遺墨》（1930 年影印本），不著頁數。

藏書」來源，除繼承清末皇家藏書、書院藏書之外，得之於私家藏書者猶多，如：楊氏「海源閣」、丁氏「八千卷樓」……等；另一方面，私家保存的珍籍秘本也因被收入「公共藏書」系統，獲得較完善的維護而得以存藏至今。再者，無論是哪種類型的藏書模式，幾乎不可能收盡天下之珍本秘籍，然藉由刊刻、景印等方式，使過去秘藏高閣的典籍文獻得以流通，因而知識的傳播更爲寬廣和多元。故此，筆者以爲「公共藏書」與「私家藏書」乃循相輔相成模式發展，不僅達到保存、維護珍貴典籍文獻的良效，同時也裨益於整體學術研究的成長與發展。

清末民初「公共藏書」系統漸趨成形，不僅繼承過去的傳統藏書意志，而能保持獨立發展的主體性與文化性；另一方面，兼融合新的藏書觀念與方法，因此能夠突破傳統藏書文化的格局限制，開創不同以往的新氣象，連帶牽動藏書事業整體素質的提升。「公共藏書」的機構大抵稱爲「圖書館」，依個別屬性與規模可分爲四種類型：一、公共圖書館；二、學校圖書館；三、私立圖書館；四、專業圖書館〔註13〕。而綜觀清末民初「公共藏書」，最能凸顯這時期的藏書文化特色則是：典籍文獻無論古今中外皆可納入館藏。由於時代背景促成社會文化轉變，新潮與傳統之間不斷交相衝擊，過程中有抗拒、有融合、也有接受，外國文化的優點逐漸受人所重視，因此做爲重點藏書機構的「圖書館」，逐步擴充外國典籍文獻的收藏，加上既有舊藏與當時出版的文獻書籍，使得「圖書館」館藏發展模式漸趨多元化。

綜觀上述，清末民初藏書文化的主要特色就是「變革」。因爲受到時代背景混亂紛雜的影響，並且處於東西方文化交互碰撞激盪的情形之下，不僅在政治、經濟、社會生活等方面出現急遽晃蕩及不安定的情形，亦間接促使中國傳統的藏書文化產生前所未有的巨變；但凡事皆爲一體兩面，在「巨變」的同時也意味著「突破」與「革新」的發生，許多保守、陳腐的舊思維因爲不合時宜而逐漸被淘汰，保存下來的則是去蕪存菁後的文化菁華。王國維生逢此時，即使於生活方面總爲外在環境影響而導致困頓不安，但從文化發展的角度來說，正因王國維身處於這樣紛亂的時代，加上他自身過人的天才之質與堅毅努力的問學精神，才能成就他今日一代國學大師的地位，同時也是跨時代學術研究的領航者、革新者。

〔註13〕關於各類型圖書館的定義，因與本文議題無直接相關故不贅述，詳見李雪梅，《中國近代藏書文化》（北京：現代出版社，1999 年），頁 145～158。

第三節　王國維的生平與治學

一、生平述略

王國維（1877～1927），初名國禎，字靜安、靜庵、伯隅，號禮堂、晚號觀堂。浙江海寧人，與同郡陳守謙、葉宜春、褚嘉猷相厚，人稱「海寧四才子」，陳守謙於〈祭王忠愨公文〉載云：

> 憶余與君之訂交也，在清光緒辛卯歲，君年才十五耳，余長君五歲，學問之事，自愧弗如。時則有葉君宜春、褚君嘉猷者，皆朝夕過從，商量舊學，里人目爲四才子，而推君爲第一……余時館城南沈氏，距君家僅里許，無一日不相見，見輒上下古今、縱論文史，或校勘疑誤、鑑別異同，間爲詞章，彼此欣賞，至日晡必別去，留君共飯，弗許也。〔註14〕

此乃陳守謙憶述與王國維相知相交的情形。「四才子」潛心學問，聚則談學論文切磋精進，言談內容範圍廣泛，古今中外、文史不拘，亦喜考辭辨章、校勘疑誤；陳、葉、褚三人謙推王國維爲「四才子」之首，皆對於其年紀雖輕但學識廣博而深感欽佩，然「學問之事」終非一日可成，王國維有此才氣或可肇見於其幼時讀書興趣與習慣，王國維〈三十自序〉自述：「家有書五六篋，除《十三經注疏》爲兒時所不喜外，其餘晚自塾歸，每泛覽焉。」〔註15〕即便時年方幼喜好分明，然其「泛覽」習慣的養成已爲日後的「高談闊論」紮下良好根基。

王國維自幼天資聰穎，七歲入私塾，十一歲承父乃譽公親授詩、詞、駢文、金石、書畫，故王國維善治詩文、金石，可謂「家學淵源」〔註16〕。王國維潛心考據學問而無意仕途，即便幾次承父命前往應試，但因空有資質卻無心於此道，故始終榜上無名，其父乃譽公亦曾爲此忿忿斥責，仍無法改變他的志趣。王國維密友陳守謙〈祭王忠愨公文〉便云：

> ……其時君（王國維）專力於考據之學，不沾沾于章句，尤不屑就時文繩墨。故癸巳大比，雖相偕入闈，不終場而歸。以是知君無意

〔註14〕清・陳守謙，〈祭王忠愨公文〉，《王觀堂先生全集》（臺北：文華出版公司，1968年），頁7116～7117。

〔註15〕王國維，〈自序〉，《海寧王靜安先生遺書・靜庵文集續編》（臺北：臺灣商務印書館，1976年），頁1783。

〔註16〕清・王乃譽（1847～1906），字與言，號純齋，後改號承宰、娛廬。

科名也。〔註17〕

王國維當時所喜以史學、校勘考據之學爲主，志趣既不在治經與科舉時文，對於舊學所重視的章句之學與義理之學亦多排斥。可識王國維爲學多有主見，不因當時社會價值而改易志趣，此性格特色於其束髮、弱冠之際便已顯見。

光緒二十四年（1898），王國維初抵上海，時年二十二歲，入《時務報》從事校對業務，並受學於羅振玉所創設「東文學社」，自始與羅氏結識。光緒二十六年（1900），羅振玉應邀至湖北出任農務司總理兼學堂監督，次年（1901）即招王國維前往擔任譯述講義與農書事，並同年延請王國維擔任《教育世界雜誌》主編，亦同意資助其至日本留學，後因王國維腳氣病復發，經醫師診斷需得回國療養遂即啓程返國，推估王國維此番留日時間不長，僅四、五個月而已〔註18〕。王國維返國之際，時羅振玉出任南洋公學監督，延請王國維至該校任教，時光緒二十八年（1902）；在此之後，王國維亦因羅振玉推薦與延請，曾於通州師範學校、蘇州師範學校講授心理學、社會學等課程。光緒三十三年（1907），羅振玉再薦王國維爲學部圖書館編輯，主持編譯、審定教科書事宜。宣統三年（1911）武昌起義，王國維攜家隨羅振玉東渡日本，寄居京都，日人狩野直喜〈憶王靜安君〉憶曰：

> 王君（王國維）寓居京都其間，日夜與羅叔言君（羅振玉）生活與共。正如眾所周知，羅君在小學、金石文字學方面是冠絕一時的學者，而且也收藏甚多古物，王君與羅君在學問上朝夕相切磋。〔註19〕

寓居日本期間，王國維協助整理考辨羅振玉所收藏古器文物、拓片及善本圖書，完成《宋代金文著錄表》、《國朝金文著錄表》等考據金石文獻之著作；並於此期間獲見英人斯坦因（Marc Aurel Stein，1862～1943）於敦煌境內所得大量簡牘，撰成諸篇相關考據文獻輯於《流沙墜簡》一書，可謂研究「敦煌學」先驅之一。由此可見，王國維寓居日本期間未曾荒廢其學術研究工作，不少重量級研究著作俱在此期間成稿。民國四年（1915）王國維應旅居上海

〔註17〕同註14，頁7117。

〔註18〕王國維，〈自序〉回顧赴日留學經歷，自言：「抵日本後晝習英文，夜至物理學校習數學。留東京四五月而病，遂以是夏歸國。」見《海寧王靜安先生遺書・靜庵文集續編》，頁1785。

〔註19〕狩野直喜，〈憶王靜安君〉，日本《藝文》第十八年第八號，頁40～41，昭和2年8月京都文學會出版。轉自葉嘉瑩，《王國維及其文學批評》，頁44。

英籍猶太人哈同（Silas Aaron Hardoon，1851～1931）邀聘，擔任廣倉學宭編纂，主編《學術雜誌》，並於次年（1916）正式舉家歸國，結束長達四年餘寓居日本的生活〔註20〕。民國十年（1921），北京大學成立研究所國學門，聘請王國維爲通信導師。民國十二年（1923）受薦擔任清遜帝溥儀的「南書房行走」，始得見宮藏古器、善本。民國十四年（1925），應聘成爲清華研究院教授，講授《古史新證》、《尙書》、《儀禮》、《說文解字》等課程。民國十六年（1927）六月二日，王國維自沉於頤和園昆明湖中，一代才子、國學大師就此殞逝，享年五十一，自沉主因至今仍未有確切力證，故多有揣臆紛說而難有定論。

二、治學歷程

王國維一生致力學術，研究方向、領域呈現多元發展，不侷限於單一科目或主題，並且隨著個人際遇與興趣的轉變。李長之〈王國維文藝批評著作批判〉：

> 他治學的變遷，顯然是支配於時代和他的性格。他的五十歲的一生中，有幾次大事變，差不多都和他的治學的變遷相應。〔註21〕

因此王國維的學術歷程當可分爲幾個不同階段。首先，王國維幼時教育以接受舊學爲主，除私塾讀經之外，並從其父乃譽公習詩、詞、駢文、金石、書畫等，而其個人閒暇時亦喜治文史考據一類，此詳見陳寅恪〈祭王忠愨公文〉便可探知一二。「新學」風氣盛行時期，王國維偶見《田岡佐代治文集》中康德（Immanuel Kant，1724～1804）〔註22〕與叔本華（Arthur Schopenhauer，1788～1860）哲學之說，即便得羅振玉資助前往日本修習「新學」所重之理科學問，後因病返國有感於許多人生問題仍有待思索，故決心傾力研讀哲學，其於〈靜安文集續編‧自序〉自述此段心境與治學興趣轉變之經過，如下：

> ……是時社中教師爲日本文學士藤田豐八、田岡佐代治二君，二君

〔註20〕據陳鴻祥，《王國維全傳》載：「他（王國維）終於在 1915 年春歸國掃墓時，攜家帶眷回海寧安了家，只讓長子潛明陪伴他返回京都，暫住羅氏（羅振玉）『永慕園』以作最後的歸國之計。」頁 418。故此言「正式舉家歸國」以釐清前後時序，避免錯疑。

〔註21〕李長之，〈王國維文藝批評著作批判〉，《文學季刊》創刊號（北平（京）：立達書局，1934 年），第 238 頁。

〔註22〕王國維稱「康德」爲「汗德」。

故治哲學。余一日見田岡君之文集中，有引汗德、叔本華之哲學者，心甚喜之，顧文字暌隔，自以爲終身無讀二氏之書之日矣。……而北亂稍定，羅君乃助以貲，使游學於日本，亦從藤田君之勸擬專修理學。故抵日本後，畫習英文，夜至物理學校學數學。留東京四、五月而病作，遂以是夏歸國。自是以後，遂爲獨學之時代矣。體素羸弱，性復憂鬱，人生之問題，日往復於吾前，自是始決從事於哲學。〔註23〕

後王國維或許因爲過份浸淫於哲學領域之中而忽感疲態，治學嗜好隨之轉向「文學」發展，其於〈靜安文集續編・自序二〉自言此段志趣轉折之因由，如下：

余疲於哲學有日矣。哲學上之說，大都可愛者不可信，可信者不可愛。……知其可信而不能愛，覺其可愛而不能信，此近二、三年中最大之煩悶，而近日之嗜好所以漸由哲學而移於文學，而欲於其中求直接之慰藉者也。〔註24〕

按葉嘉瑩先生分析，王國維之所以治學領域於此多有轉折，泰半可歸因於其個人「天性」使然〔註25〕。然而，王國維當眞不愧「天才」稱號，即使佇留於哲學、文學時間有如驚鴻一瞥，但其相關學術論著卻是擲地有聲、千金之作，在中國哲學與文學界掀起陣陣波瀾，若〈論叔本華之哲學及其教育學說〉、〈《紅樓夢》評論〉、〈屈子文學之精神〉、〈文學小言〉……等。

而後，王國維主要研究領域由「文學」研究轉向從事「文獻學」研究的關鍵，與其身處時代背景和當時交遊對象息息相關。就王國維身處時代背景而言，當時有不少地下文獻在此時期大量出土，並且對於諸類型的文獻解讀與重新詮釋漸受重視，王國維〈最近二、三十年中國新發現之學問〉列舉五項當時發現的重要新文獻：殷墟甲骨文字、敦煌塞上及西域各地之簡牘、敦煌千佛洞之六朝唐人所書卷軸、內閣大庫之書籍檔案、中國境內之古外族遺文，並言：

古來新學問起，大都由於新發現。……然則中國紙上之學問，賴於地下之學問者，故不自今始矣。……而各地零星發現之金石書籍，

〔註23〕王國維，〈自序〉，《海寧王靜安先生遺書・靜庵文集續編》，頁1784～1785。
〔註24〕王國維，〈自序・二〉，《海寧王靜安先生遺書・靜庵文集續編》，頁1787。
〔註25〕見葉嘉瑩，《王國維及其文學批評》（臺北：桂冠圖書公司，2000年），頁35。

於學術有大關係者，尚不與焉……此外，近三十年中，中國古金石、古器物之發現，殆無歲無之，其學術上之關係，亦未必讓於上五項，然以零星分散，故不能一一縷舉。惟此五者分量最多，又為近三十年中特有之發現，故比而述之。然此等發現物，合世界學者之全力研究之，其所闡發尚未及半，況後此之發現，亦正自無窮，此不能不有待少年之努力。〔註26〕

王國維意識到「文獻」在學術研究上的重要性，歷來有不少待解或存疑的學術議題，往往因為新文獻的出土而衍生出截然不同的詮釋系統，進而獲得嶄新的研究成果或議題方向；對於曾接受過「新學」教育的王國維而言，強調「證據」乃其重要治學方針之一，恰巧碰上新文獻大量出土、解密的時代，此治學精神遂得以順利開展而免於陷落「不足徵也」的窘境〔註27〕。因此，推測王國維之所以格外重視「文獻學」議題，除其本身的治學興趣以外，與其所身處新文獻大量出土、解密的時代背景有密切關連。其次，考王國維交遊之情形，其中不乏著名文獻學家、藏書家，如：羅振玉、蔣汝藻、劉承幹、繆荃孫等人，對於王國維從事文獻研究工作助益良多；王國維與諸位興趣相投之友人結識，彼此談學論文、切磋精進，雖難斷言王國維投身「文獻學」定是受何人所影響，然不難想見和其交遊一事有密切關連。

三、治學方法與態度

王國維之治學歷來備受推崇，藉由其敏銳的學術觸覺發現新議題，仔細分析考辨組構成一套獨到的論證系統，並論述條理清晰深刻，卻不會過份生硬冷澀而如嚼蠟般索然無味，故謂其治學「感性、理性二者兼備」猶不為過。再者，王國維治學範圍廣泛，博通古今、橫跨中西，兼其治學每每用力極深、考究極細，是以其言論總能為人所深信，楊樹達〈積微居甲文說序〉謂：

……王君（王國維）功力絕深，每下一義，泰山不移。讀其書，怡然順理，渙然冰釋，使人之意也消，恆言所謂爐火純青者，王君近之矣！〔註28〕

〔註26〕王國維，〈最近二、三十年中國新發現之學問〉，《海寧王靜安先生遺書・靜庵文集續編》，頁 1875～1884。

〔註27〕《論語・八佾》：子曰：「夏禮，吾能言之，杞，不足徵也；殷禮，吾能言之，宋，不足徵也；文獻不足故也。足，則吾能徵之矣。」

〔註28〕楊樹達，〈積微居甲文說・序〉，《積微居甲文說》（上海：上海古籍出版社，

雖楊氏此言主要爲讚譽王國維治甲骨之學，然王國維憑其通才之質與良好的治學態度，若「庖丁解牛」般遊刃於學術紋理之間，甲骨學非其唯一專業，於詞學、戲曲學、圖書版本目錄學……等多方學術範疇，皆可見王國維一家之言；故筆者以爲楊氏所言或可照見王國維總體治學之力度，猶爲「每下一義，泰山不移」。

而能得「每下一義，泰山不移」之美譽，莫不與王國維本身客觀嚴謹之治學態度、精闢獨到之治學方法相關。王國維弟王國華於〈海寧王靜安先生遺書序〉云：

> 先兄（王國維）治學之方，雖有類於乾嘉諸老，而實非乾嘉諸老所能範圍。其疑古也，不僅抉其理之所難符，而必尋其僞之所自出。其創新也，不僅羅其證之所應有而必通其類例之所在，此有得于西歐學術精湛綿密之助也。竝世賢者，今文家輕疑古書，古文家墨守師說，俱不外以經治經，而先兄以史治經，不輕疑古，亦不欲以墨守自封，必求其眞，故六經皆史之論，雖發於前人，而以之與地下史料相印證，立今後新史學之骨幹者，謂之始於先兄，可也。〔註29〕

王國維治學態度以客觀、嚴謹著名，強調第一手文獻於學術研究上的重要價值，認爲治學不宜僅憑單證作「以今證古」的推論，其於〈再與林博士論洛誥書〉自云：「吾儕當以事實決事實，不當以後世之理論決事實」〔註30〕，否則易生牽強附會、引證失據等治學之弊陋。王國維另一項值得效法的治學態度，即常抱持「闕疑」精神，此乃承沿孔老夫子之治學主張〔註31〕。若非「證據確鑿」切莫要輕易疑古，王國維此主張的精神並非「貴古賤今」，而是強調一種求眞的治學精神：不無條件接受古書一切言論，也不盲目否定古書全盤價值，唯以「證據」爲依歸，故王國維於〈古史新證‧總論〉言：「雖古書之未得證明者，不能加以否定；而其已得證明者，不能不加以肯定，可斷言也。」〔註32〕其客觀嚴謹之治學態度可見一斑。而於不輕疑古、重視證據之

1986 年 12 月），頁 1。

〔註29〕 王國華，〈海寧王靜安先生遺書‧序〉，《海寧王靜安先生遺書》，頁 9。

〔註30〕 王國維，〈再與林博士論洛誥書〉，《海寧王靜安先生遺書‧觀堂集林》，頁 37～38。

〔註31〕 《論語‧爲政》：「子張學干祿。子曰：『多聞闕疑，愼言其餘，則寡尤；多見闕殆，愼行其餘，則寡悔。言寡尤，行寡悔，祿在其中矣。』」

〔註32〕 王國維，〈古史新證‧總論〉，《古史新證——王國維最後的講義》（北京：清華大學出版社，1994 年），頁 2～3。

外，其致力「創新」的治學態度尤爲可取，凡自覺其論著了無新意者便棄而不用，梁啓超曾云：「（王國維）每治一業，恆以極忠實極敬愼之態度行之，有絲毫不自信，則不以著諸竹帛；有一語爲前人所嘗到者，輒棄去，懼蹈勦說之嫌以自點污。」〔註33〕便是這種堅持「創新」的態度，使得王國維治學能夠多有發明，蓋其能超越前人、鶴立當時、典範後世之因由，可鑑於此。

　　王國維學術研究領域廣泛，正如其所言：「夫學問之品類不同，而其方法則一」〔註34〕，故猶可歸納出幾項王國維重要之治學方法。近代國學大師陳寅恪曾根據《海寧王靜安遺書》所收錄王國維的學術論著，大抵指出王國維治學方法有三：一、取地下之實物與紙上之遺文互相釋證；二、取異族之故書與吾國之舊籍互相補正；三、取外來之觀念與固有之材料互相參證〔註35〕。然陳寅恪所列僅爲王國維總體學術研究之一隅，其他仍有如：〈論叔本華之哲學及其教育學〉、〈論近年之學術界〉、〈論哲學家及美術家之天職〉……等，皆已超出陳氏所列之學術研究範疇，由此可見王國維之博學。〔註36〕

　　倘若進一步細究王國維之治學方法，猶可發現其他特點：探本考源，王國維治學重視所論事物、議題之源流，務求溯其原始、明其根本，待詳其內涵與外延諸義後，方才進一步從事分析、推衍等工作，如〈爾雅草木蟲魚鳥獸名釋例〉；校勘辨僞，按趙萬里〈王靜安先生手批手校書目〉統計，王國維校書數量達一百九十二種，且校治詳密，王國維對於版本的重視程度由此窺見，如其校治《水經注》、《竹書紀年》等書，參遍各類刊本、抄本，反覆斟酌梳理異同，其工之細密、嚴謹未有幾人能出其右。此二法實爲力行「辨章學術、考鏡源流」精神之楷模。

　　於治學實務理論方面，王國維提出「二重證據法」，此法之精神要旨即陳寅恪所稱「取地下之實物與紙上之遺文互相釋證」，而其內涵與價值則若王國維〈古史新證・總論〉所云：

　　　研究中國古史，爲最糾紛之問題。上古之事，傳說與史實混而不分。

〔註33〕梁啓超，〈王靜安（國維）先生紀念號・序〉，《王靜安（國維）先生紀念號》（臺北：文海出版社，1981年），頁2。

〔註34〕王國維，〈沈乙庵先生七十壽序〉，《海寧王靜安先生遺書・觀堂集林》，頁1155。

〔註35〕原文見清・陳寅恪，〈海寧王靜安先生遺書・序〉，趙萬里編輯，《海寧王靜安先生遺書》。

〔註36〕詳見洪國樑，《王國維著述編年提要》（臺北：大安出版社，1989年8月）。

史實之中，固不免有所緣飾，與傳說無異；而傳說之中，亦往往有史實爲之素地：二者不易區別，此世界各國之所同也。……吾輩生於今日，幸於紙上之材料外，更得地下之新材料。由此種材料，我輩固得據以補正紙上之材料，亦得證明古書之某部分全爲實錄，即百家不雅訓之言亦不無表示一面之事實。此二重證據法，惟今日始得爲之。雖古書之未得證明者，不能加以否定；而其已得證明者，不能不加以肯定，可斷言也。〔註37〕

「二重證據法」雖依現今學術研究標準衡量仍有值得再商榷推敲之處，然其理論之精神、概念猶得後人所仰望，亦能在此基礎上發展出更嚴謹的方法理論；所以，就學術發展的角度來看，王國維與其「二重證據法」無疑成爲後世相關學術研究的重要奠基者之一。〔註38〕

陳寅恪〈海寧王靜安先生遺書序〉讚譽王國維，云：

自昔大師巨子，其關繫於民族盛衰、學術興廢者，不僅在能承續先哲將墜之業，爲其託命之人，而尤在能開拓學術之區宇，補前修所未逮。故其著作，可以轉移一時之風氣，而示來者以軌則也。先生之學，博矣！精矣！幾若無涯岸之可望、轍跡之可尋。〔註39〕

王國維才識博精、學養豐厚，作爲跨時代承先啓後之賢人，終身致力學術創新、關心時事與教育，故其成就不凡，非其他自顧「閉門造車」之學究所可比擬。

第四節　王國維的交遊

《禮記·學記》：「獨學而無友，則孤陋而寡聞」，王國維一生勤力治學，

〔註37〕王國維，〈古史新證·總論〉，《古史新證——王國維最後的講義》（北京：清華大學出版社，頁1994年12月），頁1～3。

〔註38〕按李丙鎬，《王國維之文獻學研究》考「二重證據法」非王國維所獨創，云：「嚴格地說，二重證據法，並非創自王國維的，王國維以期，早在漢、唐、宋人，已有以金石文字來考史的努力（例如：《漢書·郊祀志下》有張敞利用古彝以證古史的一段記載；許慎《說文解字》收錄了不少籀文等。）至清季，甲骨文發現以後，孫詒讓《名原》，根據甲骨文字、鐘鼎彝器文字，考定周代制度，以補周禮正義之闕。但他們的範圍很小，其學術成就也很有限的，幾乎沒有人注意到其存在。」

〔註39〕陳寅恪，〈海寧王靜安先生遺書序〉，《海寧王靜安先生遺書》（臺北：臺灣商務印書館），頁3。

結識友人不乏好學之士，彼此間談學論文、互通有無，即若不便聚首猶以魚雁往返互致心得，這對於王國維的整體學術研究發展深具影響力。茲舉幾位與王國維治文獻學有密切關係的友人作探討，如下：

一、羅振玉

羅振玉（1866～1940），字叔蘊、叔言，號雪堂，晚號貞松老人，浙江上虞人；曾創辦「東文學社」、《農學報》，後應張之洞之邀，擔任湖北農務司總理兼學堂監督。羅氏於中國近代學術發展史上之意義，郭沫若《中國古代社會研究‧自序》如此形容，云：

> 羅振玉的功勞即在爲我們提供了無數的眞實史料。他的殷代甲骨的搜集、保藏、流行、考釋，實是中國近三十年來文化史上所應該大書特書的一項事件。還有他關於金石器物、古籍佚書之搜羅頒佈，其內容之豐富，甄別之嚴謹，成績之浩瀚，方法之嶄新，在他的智力之外，我想怕也要有莫大的財力才能辦到。〔註40〕

郭氏的說法大抵含括了羅振玉整體治學之特色與方向，強調羅氏於學術文獻的保存、流傳、整理方面深具貢獻。董作賓針對羅振玉學術貢獻提出了五項更爲具體的說明：一、內閣大庫明清史料保存；二、甲骨文字之考訂與傳播；三、敦煌文卷之整理；四、漢晉木簡之研究；五、古器物研究之倡導〔註41〕。羅振玉藏書處總稱「大雲書庫」，藏書極爲豐富，估計總量達十萬餘冊，其中有不少宋元版書與希見罕本，還有諸多抄本及日本刻本，皆屬彌足珍貴之收藏；此外，亦收藏有大量的碑刻拓片、金石與古器物，質精量多甚爲可觀。

王國維、羅振玉二人定交始於光緒二十四年（1898），王國維入「東文學社」受學時期；羅氏極其愛才，見王國維天才稟賦甚是器重，不僅於經濟方面多有資助，在治學方面亦盡心無私地提供王國維許多的文獻資源與良好意見，奠定王國維後來學術成就的深厚基礎〔註42〕。除此之外，王國維執教於通州師範、蘇州師範，至北京任學部圖書館編輯等職事，甚至後任清遜帝溥

〔註40〕郭沫若，《中國古代社會研究‧自序》，收錄於《民國叢書》（上海：上海書店，1989年），頁4。

〔註41〕董作賓，〈羅雪堂先生傳略〉，《大陸雜誌》第二十四卷第四期（1962年2月），頁34。

〔註42〕王國維、羅振玉二人定交詳細過程，可參見趙萬里，《民國王靜安先生國維年譜》（臺北：臺灣商務印書館，1978年），頁4。

儀的「南書房行走」，皆由羅氏一手援引推薦。至於王國維之交遊方面，羅振玉亦多次居中扮演引介角色，介紹數位海內外學者予王國維結識，如：繆荃孫、柯劭忞、沈曾植、伯希和（Paul Pelliot，1878～1945）、藤田豐八……等，對於王國維之治學歷程與方法多有影響。王國維尤感羅氏博學之識和知遇之恩，與羅氏往來格外尊敬、虛心，見王國維寄予羅氏之信札內文，王國維治學每遇猶疑不決時多向羅氏請益，若有新悟則旋即報知，書信中用語謙和懇切，可略見王國維對於羅振玉乃甚爲敬重。王、羅二人雖無師徒之稱，然亦師亦友之關係，盡見於二人交往過程的點點滴滴。

　　綜觀王國維治學歷程，羅振玉扮演著重要關鍵角色。這不僅是說羅氏在經濟方面給予王國維的莫大資助，更重要的是在於學術研究上的支援和意見。初先王國維主要治學方向乃朝哲學、文學發展，後受到羅振玉啓導與鼓勵，漸而轉向文獻學發展；羅氏於治文獻學方法上給予王國維諸多建言，並盡出「大雲書庫」所有珍藏提供王國維著手考訂、研究，王國維《宋代金文著錄表》、《國朝金文著錄表》……等重要著述多拜羅氏珍藏而成稿。因此，若言與王國維關係最爲密切和整體治學最具影響力者，則非羅振玉莫屬。

二、繆荃孫

　　繆荃孫（1844～1919），字炎之，號筱珊、小山，晚號藝風，江蘇江陰人。光緒二年進士，曾任翰林院編修、國史館編修，並先後擔任江南圖書館及京師圖書館監督，爲南北兩大圖書館重要創建人之一；繆氏爲中國近代圖書史上重要的版本目錄學家，畢生以藏書爲職志並精工於校刻，其藏書處雅號「藝風堂」。「藝風堂」藏書具體數量今已難考，因繆荃孫藏書之聚散、流通頻繁，故特別注重書目編撰，頗有「書去目存」之意涵，若：《藝風堂藏書記》八卷、《藝風藏書續記》八卷、《藝風藏書再續記》（原題《藝風堂新收書目》）不分卷等，皆爲其所編撰的重要藏書目錄；除此之外，亦編撰有《藝風堂金石目錄》、《盛氏愚齋圖書館藏書目錄》、《京師圖書館善本書目》、《嘉業堂藏書志》……等目錄學之重要著述。

　　除編撰目錄之外，繆氏尤其重視「刊刻」一業，認爲此業乃爲保存典籍、流傳後世最爲有效之法，其於《藝風堂文漫存·辛壬稿》言：「單縑另帙最易消磨，有大力者，匯聚而傳刻之；昔人曾以拾塚之白骨，收路棄之嬰兒

爲比，則叢書之爲功大矣！」是以自刻有《雲自在龕叢書》、《對雨樓叢書》、《藕香零拾》、《煙畫東堂小品》……等；此間文章多從繆氏本身藏書中輯出，因此即便其藏書今猶已散佚難尋，仍可從其所刊刻書中略見其部分藏書原貌。

　　王國維與繆荃孫定交，按趙萬里《民國王靜安先生國維年譜》記載，是於宣統元年（1909）經羅振玉引介王、繆與柯劭忞三人相識，時王國維爲學部總務司行走兼任學部圖書館編輯。三人結識經過，趙萬里《民國王靜安先生國維年譜》記曰：

　　　　是歲（宣統元年）羅先生（羅振玉）介先生（王國維）與膠州柯鳳
　　　　蓀（劭忞）學士，及江陰繆藝風（荃孫）京卿相見，遂定交。柯學士
　　　　治元史，又善詩；繆先生精目錄學，時任京師圖書館總監。〔註43〕

而王、繆二人具體來往之史料，大抵可見於王國維致繆氏之信札，收錄於《王國維全集・書信》一書中，總數雖不及二十封，然見微知著，此間猶足以觀二人交厚之誼與學術切磋之情。又繆氏精善於目錄、版本之學，兼二人魚雁之間對於此道亦多有談論，並王國維治學方向一度由哲學、文學轉向於此學術範疇，是以臆測王國維對於圖書版本、目錄學產生興趣，以及後來於該學術領域有卓越成就和貢獻，應或多或少與繆荃孫有相關連。

三、蔣汝藻

　　蔣汝藻（1877～1954），字元采，號孟蘋、孟萍，別署樂庵。光緒二十九年（1903）舉人，曾任學部總務司郎中，民國後任浙江省軍政府鹽政局長與浙江鐵路董事等職務。其藏書處原名「傳書堂」，後因蔣汝藻於民國五年（1916）時以高價購得一宋本周密《草窗韻語》兩冊，此書沈曾植喚爲「妖書」，葉昌熾則嘆曰「尤物」，此奇珍異本莫不以之爲鎮庫之寶，故取周密之「密」、《草窗韻語》之「韻」，合謂「密韻」稱其藏書閣樓，是以「傳書堂」又稱「密韻樓」。

　　南潯蔣氏一門藏書之業始於蔣汝藻祖父蔣維基、叔祖蔣維培，兄弟二人各聚書約萬卷，後遭太平天國兵燹災禍藏書頓失大半，傳至蔣汝藻之父蔣錫紳時藏書僅餘二十箱，希望能延續藏書祖業，乃名藏書處爲「傳書堂」。及至蔣汝藻，其幼承家學，於鑑別古籍方面頗具心得，待財力漸豐則常以高價收

〔註43〕趙萬里，《民國王靜安先生國維年譜》，頁13。

購祖輩時所散佚之家藏，凡見聞由儷嬴館、茹古精舍、求是齋所散出舊藏者皆以高價購回；經蔣汝藻一番努力，復得者總算不少，王國維即爲此情讚嘆曰：「余謂爲子孫者如孟蘋始可謂之能傳書矣……而今有孟蘋，然則蔣氏三世之精神風尙，雖傳百世可也。」〔註44〕

據蘇精《近代藏書三十家》指出蔣汝藻「傳書堂」藏書特點有三：（一）藏宋本八十八部、元本一○五部，宋本中七十部爲宋刊宋印本，餘爲曾經元明兩代修補本子，其中著名珍本有宋高宗紹興四年（1134）序刊《吳郡圖經續記》三卷及依周密手稿眞跡摹刻的《草窗韻語》六卷；（二）名家鈔校本，如孔繼涵「微波榭」三十部鈔本、黃丕烈「士禮居」四十四部校跋本、陸心源「十萬卷樓」進呈國子監二十餘部鈔本，另藏有《永樂大典》二十卷，其中所收酈道元《水經注》前半部尤爲重要；（三）收有范式「天一閣」和陳氏「聽詩齋」所散出之舊藏近九百五十部，已逾「傳書堂」藏善本三分之一。民國十四年（1925），蔣汝藻不堪事業虧折，迫於現實將部分「傳書堂」藏書典押於浙江興業銀行，期至未能贖回，後爲涵芬樓購去收藏，無奈於一二八事變中除事先移他處置藏的二百餘部外，其餘盡燬於日軍無情砲火，爲圖書史上一大憾事；王國維更爲此事致函蔣祖詒曰：「復覽前編書目草稿，乃知再竭數十年之力，未必能在得此數，然山河大地尙有變移，不過當局者難以爲情耳！」此間尤見王國維之痛心與感慨。〔註45〕

蔣汝藻與王國維定交於民國五年（1916）〔註46〕。民國七年（1918），蔣汝藻有意編纂「傳書堂」藏書志，原委請曹元忠擔任此事，不久曹氏以「另有要事」爲由請辭，而蔣氏則改延聘王國維執筆編纂；民國八年（1919），王國維正式應聘編纂「傳書堂」藏書志，於民國十二年（1923）底大抵稿成。趙萬里於《民國王靜安先生國維年譜》中概述蔣氏「傳書堂」藏書來由，並詳載王國維接手編纂藏書志始末及言對於此事之看法，云：

> 初先生（王國維）以諸子學費稍絀，謀兼一撰述事。聞烏程蔣孟蘋
> （汝藻）方擬撰所藏《密韻樓書目》（《傳書堂藏善本書志》），已聘

〔註44〕 王國維，〈傳書堂藏善本書志序〉，《傳書堂藏善本書志》（臺北：藝文印書館，不著出版年），不著頁數。

〔註45〕 詳見蘇精，《近代藏書三十家·蔣汝藻「傳書堂」》（臺北：傳記文學出版社，1983年），頁208～215。

〔註46〕 王國維，〈樂庵居士五十壽序〉：「丙辰（1916）之春，余歸上海，始識居士（蔣汝藻）。」收錄於陳乃乾輯《觀堂遺墨》（1930年影印本），不著頁數。

> 吳縣曹君直舍人（元忠）任其事。逾歲無以成，羅先生（羅振玉）
> 介人以先生薦。先生以曹君亦舊識，不忍遽奪之，不欲往。至是曹
> 君以事辭，先生乃應蔣君之聘。〔註47〕

> 案烏程自來多藏書家，其流風至近代猶盛。蔣君與同邑張君石銘（鈞
> 衡）劉君翰怡（承幹），均以藏書名，而蔣君之藏為尤富。南北故家
> 若四明范氏、錢塘汪氏、泰州劉氏、涇縣洪氏、貴陽陳氏流出之書，
> 多歸之。其聘先生為撰藏書志，亦最為適宜。此後先生之書，以蔣
> 氏書校者，殆皆為蔣志作也。〔註48〕

於「藏書志」編纂期間，蔣汝藻亦出資排版印行王國維多年來的學術結晶──
──《觀堂集林》，並為之作序，序中深刻剖析王國維的學術成就和特點，蕭艾
曾謂此言：「鄙以為最難得者，即蔣氏對王國維之學術成就，有深刻之認識，
這非同時交遊所能比。」〔註49〕此間可見王、蔣二人交厚之情。

　　而在編纂《傳書堂藏善本書志》的過程之間，王國維遍覽「傳書堂」所
藏諸善、孤本，這對於其學術研究實乃助益良多，王國維〈樂庵居士五十壽
序〉云：

> 余與樂庵居士同歲，同籍浙西，宣統元年又同官學部，顧未嘗相知
> 也。辛亥後，余居日本，使聞人言今日江左藏書有三大家，則劉翰
> 怡京卿、張石銘觀察與居士也。丙辰之春，余歸上海，始識居士。
> 居士亢爽有肝膽，重友朋，其嗜書蓋天性也。余有意于其人，遂與
> 定交，由是得盡覽其書。居士獲一本，未嘗不以詔余；苟有疑義，
> 未嘗不與商度也。余家無書，輒假諸居士，雖宋槧明鈔，走一力取
> 之，俄頃而致。……余在海上時，視居士之書猶外府也。〔註50〕

可見王國維治學路程受助於蔣汝藻頗多，故蔣氏對於王國維的整體學術研究
發展，有著舉足輕重的地位與特別的意義，而二人相知相惜的深厚交誼猶可
見證於此。

〔註47〕同註43，頁36。
〔註48〕同註43，頁36。
〔註49〕蕭艾，《一代大師：王國維研究論叢》（長沙：湖南人民，1988年）。轉引自姚
　　　　淦銘，〈王國維與藏書家蔣汝藻交遊考論〉，《江南大學》（人文社會科學版）
　　　　第三卷第一期（2004年2月），頁48。
〔註50〕王國維，〈樂庵居士五十壽序〉收錄於陳乃乾輯，《觀堂遺墨》（1930年影印
　　　　本），不著頁數。

四、劉承幹

劉承幹（1881～1963），字貞一，號瀚怡，別署求恕居士，浙江南潯人，清光緒三十一年（1905）貢生。其父劉錦藻，官工部郎中，著有《清續文獻通考》四百卷。

劉承幹祖輩以絲業致富，喜流連於書肆之中大批蒐購書籍，其主要藏書處因獲清帝溥儀頒賜匾額，上題「欽若嘉業」，故名曰「嘉業堂」。「嘉業堂」藏書甚是豐富且廣羅諸名家散出之書籍，若盧氏「抱經樓」、朱氏「結一廬」、丁氏「持靜齋」、莫氏「影山草堂」……等。劉氏收藏最爲著名者爲四部宋刊史書，蜀大字本《史記》、大字監本《三國志》、白鷺書院本《漢書》、一經堂本《後漢書》，劉承幹爲此四史特闢一室專門收藏，名曰「宋四史齋」；此外，其精藏地方志一業亦稱不凡，據朱士嘉《中國地方志綜錄》（1935 年版）稱藏有 1012 部，其中有二十九部是幾乎可謂爲「孤本」的珍藏，若明成化四年（1468）《浙江四明郡志》、嘉靖三十三年（1554）《河南滑縣志》……等，還有五十九部爲稀見罕本，皆屬難得珍品。〔註51〕

王國維與劉承幹相識定交，乃因其二人嘗共事於浙江省通志局，交誼頗深。王國維校書時，得助劉承幹於上海「求恕齋」藏書者尤多，因而常見善本、海內孤本，這對於王國維之治學實爲助益良多。

五、沈曾植

沈曾植（1850～1922），字子培，號乙盦，又號寐叟，別署持卿、遜齋、餘翁、㿠禪等，浙江嘉興人，藏書樓雅號「海日樓」。沈氏藏書不以量取勝，據《海日樓題跋》載其收有宋刻本四種、元刻本五種，還有明刻本、影宋本與名人題跋本若干；另外，因其好黃庭堅詩，故收有黃庭堅文集共九種版本（宋刻本三種、元刻本一種、明刻本四種、日本活字印本一種），爲其藏書一大特色。在學術成就方面，沈曾植以西北史地、蒙古史、元史及音韻學等研究聞名於世，王國維日後治學方向轉向於此，或與沈氏多有相關。趙萬里《民國王靜安先生國維年譜》云：

> 案先生（王國維）自海外歸國後，與沈先生（沈曾植）過從最密。沈先生寓居新閘路，與先生寓所相距甚近。沈先生每見一書畫或金石墨本，必招先生往，相與商榷。沈先生篤老不著書，爲以吟詠自

〔註51〕見任繼愈主編，《中國藏書樓》（瀋陽：遼寧人民出版社，2001 年），頁 1769。

　　娛，故常與先生相唱酬。先生每成一文，必先以質沈先生，後先生

　　治西北地理及元史學，似受沈先生相當之影響。〔註52〕

而王國維、沈曾植二人定交始於民國四年（1915），由羅振玉介引雙方認識，相談甚歡遂之定交，案趙萬里《民國王靜安先生國維年譜》云：「羅先生在滬，介先生與嘉興沈乙盦尚書相見，談藝至洽，遂定交。」〔註53〕從此王、沈二人多有往來，談學論史莫不愉快，雖王國維對於沈氏的部分學說頗不以爲然，曾多次向羅振玉談及此事，曰：「乙老談論，需分別觀之，時有得失」，又云：「此老于音韻功力不淺，識見亦極公平，不似對他學，時有異說」〔註54〕但總算敬重沈氏之學術專長，且於治音韻學、西北史地之學等方面亦多受沈氏啓發。沈氏對於王國維可謂「厚遇有加」，不僅出借藏書以供王國維參考，所撰藏書題跋亦任其取觀；對於王國維之治學，更多所提點、指引而始有新發。王國維於若干文中多提及沈增植對其治學之助益，若〈李舟切韻考〉、〈唐寫本大雲經書跋〉、〈聚珍本戴校水經注跋〉……等，可見沈氏對於王國維治學之默化程度尤爲可觀。

六、其他友人

　　除上述所列王國維友人之外，尚有其他海內外學者與之相厚，若「海寧四才子」陳守謙、葉宜春、褚嘉猷，四人聚首多談學論文，相交過從甚密；柯劭忞，善治元史亦工於「詩」，王國維頗爲稱道其《蓼園詩鈔》，經羅振玉介紹王、柯二人於宣統元年（1909）定交〔註55〕；梁啓超、陳寅恪與王國維相識於「清華研究院」，梁、陳二人皆對於王國維學識之淵博、治學之精細深感欽佩且推崇備至；此外，王國維與日本學界亦多所來往，如藤田豐八、田岡左代治、狩野直喜、神田喜一郎、內藤虎次郎……等。

　　綜觀王國維一生交遊情形，與其相厚之友人，泰半在學術研究方面各有所專精，甚至是該類學門領域中的一時之選。王國維與這些學者相交，不僅能從中獲得知己之感，也能藉此學習、吸收他們在治學方面的各種優點和經驗。因此，筆者以爲「亦師亦友」乃王國維交遊情形的最佳寫照。

〔註52〕同註43，頁43。
〔註53〕同註43，頁20。
〔註54〕《王國維全集・書信》（臺北：華世出版社，1985年），頁72。
〔註55〕同註43，頁13。

第三章 王國維的文學批評

　　王國維素有「大師」譽稱，其治學所涉領域廣泛，而「文學」研究乃其中重點學門之一。王國維國學造詣高深、底蘊豐厚，並有能兼納外國學術優點的宏觀雅量與能力，使其學養飽足充實；再者，其學術眼光頗為獨到，又治學態度喜於創新不願流於窠臼。即此二因，使其治「文學」時能夠常有新發與突破，而鶴立於當時文壇成為佼佼者，至今其「大師」稱譽猶能不墜。

　　本論文係以王國維圖書版本、目錄學著作的「書寫情形」為主要關注焦點，而當我們欲檢視某著作的「書寫情形」時，則該著作撰者本身於「文學」方面的才性和表現往往是不可忽略的重點之一；因此，筆者以為必須先針對王國維治「文學批評」的相關議題進行耙梳整理，藉以觀照王國維「文學批評」的大致樣貌，瞭解其所持之文學觀，並作為後續探討「王國維圖書版本、目錄學著作書寫情形」的研究基礎。本章規劃從「王國維的文學批評著作」、「王國維的文學觀」二個不同面向著手探討，清楚觀照王國維的「文學批評」系統。

第一節　王國維的文學批評著作

　　王國維於實際「文學批評」方面的論著數量不多，然其在近代文學批評史上的地位頗稱要角，佔有一席相當重要的位置。王國維「文學批評」的相關論著，按葉嘉瑩歸納，大致可分為兩大系統：「雜文」和「成組專著」，其中各以《紅樓夢》評論、《人間詞話》為代表。《紅樓夢》評論乃王國維率先引用西方哲學、文學觀點，討論中國固有文學作品的重要論著，此舉不僅為其個人之新發與成就，同時也是近代文學批評史上的一大創建；而《人

間詞話》的批評方式,則見王國維「回歸到中國舊批評傳統」〔註1〕,以較感受式、直觀式的方法從事文學批評;除上述二者以外,尚有《宋元戲曲考》,其內容雖以「考據」為重,然仍可見王國維從事文學批評的足跡。以下分別針對〈《紅樓夢》評論〉、《人間詞話》及《宋元戲曲考》略作探討:

一、〈《紅樓夢》評論〉

　　〈《紅樓夢》評論〉一文最早發表於光緒三十年（1904）的《教育世界》雜誌,後收入《靜安文集》。〈《紅樓夢》評論〉乃王國維藉德國哲學家叔本華（Arthur Schopenhauer）的哲學、美學的觀點為立論基礎,針對《紅樓夢》這部小說進行文學批評;即便文中所呈述的論點在後世學者看來猶有缺失,然其所運用之方法與基本立論精神,已足稱為中國文學批評史上一大創建,葉嘉瑩對〈《紅樓夢》評論〉一文如此評價:

> ……所以靜安先生此文（指〈《紅樓夢》評論〉）在中國文學批評史上實在乃是一部開山創始之作。因此即使此文在見解方面仍有未盡成熟之處,可是以其寫作之時代論,則僅是這種富有開創意味的精神和眼光,便已足以在中國文學批評拓新的途徑上佔有不朽之地位。〔註2〕

可見王國維〈《紅樓夢》評論〉在中國近代文學批評史上的代表意義與價值,不僅是因為他剖析了中國的鉅著《紅樓夢》,更重要的是他對於中國文學批評方法、觀念的拓新與開展,實為功不可沒。

　　〈《紅樓夢》評論〉凡分五章。第一章〈人生及美術之概觀〉,主要闡述王國維個人對於「人生」及「美術」兩大議題的基本觀點,以此作為開展評論《紅樓夢》的出發點和依據。王國維認為「生活之本質何?『欲』而已矣!」並人們常因為無法滿足「欲」而衍生成「苦痛」,故「欲與生活與苦痛,三者一而已矣!」而能夠幫助人們減輕、超越這種「苦痛」者,惟有「美術」可以,因「『優美』與『壯美』,皆使吾人離開生活之『欲』而入於純粹之知識者」,故需藉「美術」的力量減輕或超越人生之「苦痛」。簡單來說,就是人們可以藉由欣賞「美」的事物獲得快樂而忘卻「苦痛」。最後,王國維乃言「吾人且持此標準,以觀我國之美術。而美術中以詩歌戲曲小說為其頂點,以其

〔註1〕 葉嘉瑩,《王國維及其文學批評》（臺北:桂冠圖書公司,2000年）,頁139～140。
〔註2〕 同註1,頁194。

目的在描寫人生故。吾人於是得一絕大著作曰《紅樓夢》。」由此可大致推想，王國維認為《紅樓夢》是一部融合「欲」、「生活」與「苦痛」，但其中也存在著「美」的文學鉅著。

　　第二章〈《紅樓夢》之精神〉，承第一章「『生活』之『欲』之『苦痛』」的基礎論點，王國維進一步分析《紅樓夢》，提出「男女之欲，尤強於飲食之欲」所以「前者之苦痛，尤倍蓰於後者之苦痛」的概念，又言：「《紅樓夢》一書實示此苦痛之由於自造，又示其解脫之道不可不由自己求之者也。」是以《紅樓夢》乃環繞「以生活為爐、苦痛為炭，而鑄其解脫之鼎」的基調所完成的小說，亦即書寫由「生活」之「欲」而生的「苦痛」並從中尋找「解脫」的途徑，此論述脈絡與其在第一章所作出的結論頗相呼應。最後王國維亦以較明確的說法，針對「美術」存在之目的與基本任務提出看法，如下：

> 嗚呼！宇宙一生活之欲也。而此生活之欲之罪過，即已生活之苦痛罰之：此即宇宙之永遠的正義也。自犯罪，自加罰，自懺悔，自解脫。美術之務，在描寫人生之苦痛與其解脫之道，而使吾儕馮生之徒，於此桎梏之世界中，離此生活之欲之爭鬥，而得其暫時之平和，此一切美術之目的也。〔註3〕

言下之意，即認為透過「美術」描寫人生苦痛和其解脫之道，能夠使人們暫時忘卻因「欲」而生的諸多糾擾，獲得心靈上的平和。王國維繼第一章談論「生活」、「欲」與「苦痛」之後，在第二章中進一步闡述「解脫」之道，而話題則歸結於「美術」。就整體面來說，筆者以為王國維是從《紅樓夢》中看到「解脫」，再由「解脫」觀照「美術」，而又藉由「美術」反省《紅樓夢》之精神，故此三者實屬互為表裡、環環相扣的密切關係。

　　第三章〈《紅樓夢》之美學上之價值〉，王國維認為《紅樓夢》是一部「悲劇」小說，而且是「徹頭徹尾之悲劇也」；進一步王國維引叔本華對「悲劇」的分類，認為《紅樓夢》屬於第三種類型，更謂為「悲劇中之悲劇」，云：

> ……由於劇中之人物之位置及關係而不得不然者，非必有蛇蝎之性質，與意外之變故也，但由普通之人物，普通之境遇，逼之不得不如是……此種悲劇，其感人賢於前二者遠甚。……但在第三種，則見此非常勢力，足以破壞人生福祉者，無時而不可墜於吾前……此

〔註 3〕王國維，〈《紅樓夢》評論〉，《海寧王靜安先生遺書・靜安文集》，頁 1608。

> 可爲天下之至慘也。若《紅樓夢》，則正第三種之悲劇也……不過通
> 常之道德，通常之人情，通常之境遇爲之而已。由此觀之，《紅樓夢》
> 者，可謂悲劇中之悲劇也。〔註4〕

由此可略見，王國維對於《紅樓夢》美學價值的體現，並不著眼於它所揭示的種種現實情狀，而是強調它所深刻、細膩地描繪人生固有之「苦痛」；又《紅樓夢》中『壯美』之部分，較多於『優美』之部分」，容易「感發人之情緒」而使「人之精神於焉洗滌」。王國維再度引論叔本華之學說，曰：

> 叔本華置詩歌爲美術之頂點，又置悲劇於詩歌之頂點；而悲劇之中，
> 又特重第三種以示人之眞相，又示解脫之不可已故。故美學上之
> 最終目的，與倫理學上最終之目的合。〔註5〕

循此邏輯脈絡，王國維進一步作推導，爲《紅樓夢》的美學價值提出結論：「尤是《紅樓夢》之美學上之價值，亦與倫理學上之價值相聯絡也。」〔註6〕

第四章〈《紅樓夢》之倫理學上之價值〉，承第三章的結論，王國維順勢開展《紅樓夢》與倫理學之間關聯的論述。王國維認爲《紅樓夢》其核心精神存在於「解脫」，另一方面，亦試圖詮釋幾大宗教與哲學家之於「解脫」的說法，其言：

> 故世界之大宗教，如印度之婆羅門教及佛教，希伯來之基督教，皆
> 以「解脫」爲唯一之宗旨；哲學家說，如古代希臘之柏拉圖，近世
> 德意志之叔本華，其最高理想，亦存於「解脫」。〔註7〕

王國維嘗試在宗教及哲學的領域中，找尋相同的概念，以強化「『解脫』是『倫理學上最高之理想』」的論證說法，並藉由此說與《紅樓夢》相扣，得出《紅樓夢》正爲「以『解脫』爲理想者」的結論，同時即意味著「《紅樓夢》在倫理學上之價值」便在於此。

第五章〈餘論〉，強調《紅樓夢》的主要價值，並不在於書中所指射的對象確爲何人何事，王國維認爲「美術之所寫者，非個人之性質，而人類全體之性質也」；再者，人類既有「共同性」亦有「差異性」，偶然出現之巧合，便不必強加附會於現實。因此，王國維對於一口咬定《紅樓夢》中所描述的內容與人物，必然指射某現實情狀的論點頗表批判；他認爲《紅樓夢》的主

〔註4〕 同註3，頁1612～1614。
〔註5〕 同註3，頁1617。
〔註6〕 同註3，頁1617。
〔註7〕 同註3，頁1622。

要價值並非存在於「所指」的概念之上，而是在於它所表現的「美學」與「倫理學」，足以凸顯《紅樓夢》之所以爲「絕大著作」的價值。

　　王國維〈《紅樓夢》評論〉一文，大抵呈現了引用西方學術思想及理論檢視中國文學作品的文學批評雛形，似乎仍屬於「試驗階段」的文學批評作品，倘若仔細分析論證過程，固然不乏優點長處得備受肯定，但其中猶存有著「不適宜」和「欠周延」處。不過，這些缺點蓋已有先輩學者曾詳加論述，且本論文非主要探討〈《紅樓夢》評論〉一文，故對此遂不作喋喋贅語；至於〈《紅樓夢》評論〉所揭示王國維的文學主張與理論，在此則暫且不表，待於後節〈王國維的文學觀〉中，一併整合論述之。

二、《人間詞話》

　　王國維的文學批評著述中，《人間詞話》爲最受人所知與重視的一部作品。《人間詞話》內容原先後發表於《國粹學報》中，後彙集付梓印成單行本；版本繁多，根據葉嘉瑩的看法，認爲目前流傳內容搜輯較完備的版本，爲王幼安校定本，全書共分三卷，收詞話達一百四十二則。〔註8〕

　　《人間詞話》與〈《紅樓夢》評論〉雖同爲王國維所著，然二者所使用的文學批評方法卻有相當大的差異。〈《紅樓夢》評論〉使用的文學批評方法大抵如上段所言，藉西方學術思想及理論檢視中國文學作品《紅樓夢》；《人間詞話》則以感受式、直觀式的方法進行文學批評，與中國傳統文學批評型式較爲相近。事實上，明確理論系統的建立，往往被視爲中國傳統文學批評型式上相對較弱的一環，《人間詞話》係屬王國維「回歸到中國舊批評傳統」的文學批評作品，同樣在這方面也出現了疏失缺漏的情形。不過，對於「文學」的主張方面，正因王國維既受過西方學術思想、理論的洗禮，卻又能堅持保有深厚國學素養及文人感懷心智，在中西文化交相調和之下，《人間詞話》雖型式上屬於「中國舊傳統的詩話詞話一類的作品」〔註9〕，然其中諸多見解確爲融匯中西、新舊而成，所得出心得結果亦頗能作爲一窺中國傳統文學堂奧的導引工具，故時至今日《人間詞話》仍能多受人們重視。

　　《人間詞話》「已刊稿」收有六十四則，爲王國維於光緒三十四年（1908）至宣統元年（1909）間，先後發表於《國粹學報》第四十七至第五十期的詞

〔註8〕　同註1，頁137。
〔註9〕　同註1，頁140。

話作品；雖名爲「詞話」，然其中亦見有王國維對詩、曲的部分見解。從敘述的內容主題來說，可發現此《人間詞話》已刊稿六十四則詞話間，似乎隱含著某種理論系統的安排，而非屬混亂無章法之作；倘若進一步分析則可略分爲四個部分，依序如下：

第一則至第九則，王國維首先確立其後續欲開展言論及批評的準則。具體來說，這九則乃王國維《人間詞話》批評理論的重要基礎，其中所提出「境界說」尤爲人所關注、討論，同時也是中國近代文學理論的重要標的之一。葉嘉瑩在《王國維及其文學批評》中，整理出各則明確的論述重點與相互關連：

> 第一則　提出「境界」一辭爲評詞之基準。
>
> 第二則　就境界之內容所取材料之不同，提出了「造境」與「寫境」。
>
> 第三則　就「我」與「物」間關係之不同，分別爲「有我之境」與「無我之境」。
>
> 第四則　提出「有我」與「無我」二種境界所產生之美感有「優美」與「宏壯」之不同。爲第三則之補充。
>
> 第五則　論寫作之材料可以或取之自然或出於虛構。又爲第二則「造境」與「寫境」之補充。
>
> 第六則　論「境界」非但指景物而言，亦兼內心之感情而言。又爲第一則「境界」一辭之補充。
>
> 第七則　舉詞句爲實例，以說明如何使作品中之境界得到鮮明之表現。
>
> 第八則　論境界之不以大小分優劣。
>
> 第九則　爲境界之說的總結，以爲「境界」之說較前人之「興趣」、「神韻」諸說爲探其本。〔註10〕

葉嘉瑩大抵梳理出了王國維《人間詞話》文學批評理論的主體部分，然僅此九則猶難揭示《人間詞話》文學批評理論的全貌，故仍需參照散見於其他各則中的論述，以補充批評理論主體之不足，進而方能用較全面的視野觀照王國維《人間詞話》之內涵。

〔註10〕同註1，頁233～234。

　　第十則至第五十二則，王國維舉歷代諸位名家作品進行個別批評，並由上述九則中所揭示的理論作爲從事文學批評的根據，因此這部分可視爲《人間詞話》文學批評之實踐。王國維所列名家有自李白、溫庭筠、韋莊、馮延巳、李後主等人以降，迄於清代納蘭容若，逐一針對諸位名家之詞作進行文學批評，例：

> 馮正中詞雖不失五代風格，而堂廡特大，開北宋一代風氣。與中、後二主詞，皆在《花間》範圍之外。宜《花間集》中不登其隻字也。〔註11〕

> 古今詞人格調之高，無如白石。惜不於意境上用力，故覺無言外之味、絃外之響，終不能與於第一流之作者也。〔註12〕

> 納蘭容若以自然之眼觀物，以自然之舌言情。此由初入中原，未染漢人風氣，故能眞切如此。北宋以來，一人而已。〔註13〕

此間不僅見王國維對詞家作品的個別批評，從中亦可察見王國維部分的文學批評理論，可作爲《人間詞話》第一則至第九則所揭示的基礎批評理論的補充；此外，如言「『隔』與『不隔』」、「詞忌用替代字」……等重要理論敘說，同樣也是對詞家作品個別批評兼及補強基礎批評理論之屬。

　　第五十三則至第六十二則，王國維略述韻文體例的更迭情形與興衰原因，他認爲文體的興衰、更迭乃自然之事，凡一文體發展至極盛時，則有創作者爲求跳脫既有文體的僵化框架，遂嘗試以新格律、語彙從事創作，進而發展出新的文體；故就總體文學發展脈絡來說，無論是何種文體，它勢必循著「始盛終衰」的軌跡發展，而文體更迭的情形便也隨之出現。此外，王國維亦提出他對於詩詞創作者應當具備的態度及能力的觀點，舉例來說，他認爲詩詞創作者對於「宇宙人生」必須要能「入乎其內、出乎其外」，且創作詩詞忌有「美刺投贈之篇、隸事之句、粉飾之字」。

〔註11〕滕咸惠校注，《人間詞話新注》作：「……中、後二主詞皆未逮其精義。《花間》於南唐詞中人詞中雖錄張泌作，而獨不登正中隻字，豈當時文采爲功名所掩耶？」（臺北：里仁書局，1987年）

〔註12〕滕咸惠校注，《人間詞話新注》作：「……絃外之響，終落第二手。其志清峻則有之，其旨遙深則未也。」（臺北：里仁書局，1987年）

〔註13〕滕咸惠校注，《人間詞話新注》作：「……以自然之筆寫情……故能眞切如此。同時朱（彝尊）、陳（維崧）、王（士禛）、顧（貞觀）諸家，便有文勝則史之弊。」（臺北：里仁書局，1987年）

第六十三則至第六十四則，除對詞家作品進行批評之外，王國維沿用他批評詞家作品時的理論基礎，針對元代二曲家馬致遠、白樸之作進行批評，並提出了「人各有能有不能」的文學創作重要觀點，而此說似乎也是王國維《人間詞話》文學批評的總結心得陳述。另一方面，王國維此二則批評曲體之立說，也意味著其《人間詞話》所述之文學批評理論，包括「境界說」，不僅可作爲詞體的批評之用，即便用於批評曲體之作亦未嘗不可。

除上述《人間詞話》「已刊稿」之外，《人間詞話》猶有「未刊稿」及「刪稿」兩部分，二者主張見解雖不脫「已刊稿」之理論基礎，然其中所體現之文學概念仍能補「已刊稿」不足處，進而使王國維《人間詞話》的文學批評理論架構更爲強固。

總結以上，王國維《人間詞話》雖名爲「詞話」，且論述對象大抵針對詩、詞、曲等韻文文體，然所揭示的文學批評理論非僅適用於詩、詞、曲等韻文文體而已，部分理論猶可作爲檢視、批評他類文體的基礎工具。而《人間詞話》所體現王國維的文學主張和文學理論，則留於後節〈王國維的文學觀〉中一併探討之。

三、《宋元戲曲考》

《宋元戲曲考》算是王國維治學方向轉變過渡時期的重要文學批評作品，本書內容雖以考據爲主，卻仍相當重視戲曲藝術的情感抒發及文學意義，既能於「理性」層面有所發揮，亦能兼顧「感性」層面；就中國戲曲的文學價值、藝術特徵及發展歷史，結合中西文藝思想與觀點作出劃時代的論述，郭沫若《歷史人物‧魯迅與王國維》稱此作與魯迅《中國小說史略》並爲：「是中國文藝史研究上的雙璧，不僅是拓荒的工作，而且是權威的成就，一直領導著百萬後學」。〔註14〕

從中國戲曲的「文學價值」方面來說，王國維初先對於元戲曲的「文學價值」並不看好，其〈文學小言‧十四〉云：「……元人雜劇，辭則美矣！然不知描寫人格爲何事。」〔註15〕又《人間詞話》「未刊稿」云：「……故曲則古不如今（元曲誠多天籟，然其思想之陋劣，布置之粗笨，千篇一律，令人

〔註14〕郭沫若，〈魯迅與王國維〉，《歷史人物》（北京：人民文學出版社，1979年），頁212。

〔註15〕王國維，〈文學小言‧十四〉，《海寧王靜安先生遺書‧靜安文集續編》，頁1806。

噴飯。……）」；然則，至《宋元戲曲考》時可察見王國維對元曲的態度轉爲推崇，謂之「眞正之戲曲」、「千古獨絕之文字」，肯定了元曲的「文學價值」。而王國維所識元曲之「文學價值」何在？他認爲在於「自然」與「意境」。王國維〈元劇之文章〉云：

> 元曲之佳處何在？一言以蔽之，曰：自然而已矣！古今之大文學，無不以自然勝，而莫著於元曲。……然元劇最佳之處，不在其思想結構，而在其文章。其文章之妙，亦一言以蔽之，曰：有意境而已矣！〔註16〕

文中所謂「自然」與「意境」所彰顯的王國維的「文學理論」，爲免焦點過於分散，故謹留於後文〈王國維的文學觀・文學理論〉部分中作整合論述。

　　就中國戲曲的「藝術特徵」，王國維在《宋元戲曲考》中將「戲劇」及「戲曲」作區別，釐清二者概念的差異分野。其〈古劇之結構〉云：「……故所謂眞正之戲劇，起於宋代，無不可也……而論眞正之戲曲，不能不從元雜劇始也。」〔註17〕可見得王國維認爲「戲劇」及「戲曲」的基本概念雖有共同處，然並非全然相同〔註18〕。其次，王國維謂「元曲」是中國「戲曲上之一大進步」的原因之一，是「由『敘事體』而變爲『代言體』」，即以「第三人稱」或「第一人稱」敘述的差別意義。

　　最後是中國戲曲的「發展歷史」。王國維講究「一代有一代之文學」，故對中國戲曲發展脈絡的看法，亦採此文學史觀加以立論，針對中國戲曲系統作「究其淵源，明其變化之跡」的分析。依王國維所考證之時代先後，可作四個階段分述。第一階段是上古至五代，爲「萌芽」期；第二階段是宋金二代，爲「古劇」期；第三階段爲元代，爲「大成」期；最後是明代以後，爲「衰退」期。〔註19〕

　　綜合上述，於《宋元戲曲考》中所揭示的「王國維的文學觀」大抵有三：「自然」、「意境」與「文學發展」。前二者屬王國維的「文學理論」部分，後者則屬王國維的「文學主張」，將於後節〈王國維的文學觀〉中再作整合論述。

〔註16〕王國維，〈元劇之文章〉，《海寧王靜安先生遺書・宋元戲曲考》，頁 5782。
〔註17〕王國維，〈古劇之結構〉，《海寧王靜安先生遺書・宋元戲曲考》，頁 5734。
〔註18〕關於王國維對「戲曲」、「戲劇」的概念分野，詳見《宋元戲曲考》。
〔註19〕詳見黃霖，《近代文學批評史》（上海：上海古籍出版社，1993 年），頁 854～856。

第二節　王國維的文學觀

　　本節主要目的為梳理出王國維文學觀念之旨要，筆者擬由「主張」與「理論」兩個部分著手進行。而王國維的「文學主張」和「文學理論」，散見於其所撰之專著及諸篇雜文中，故本節係以整合論述為旨，而不以個別作品為單位分則論述。至於本節參用的王國維專著部分，包括上節所列《人間詞話》、《宋元戲曲考》二書之外，還有雜文若干篇，如：〈《紅樓夢》評論〉、〈文學小言〉、〈屈子之文學精神〉、〈論哲學家與美術家之天賦〉、〈古雅之在美學上之位置〉、〈叔本華之哲學及其教育學說〉、〈奏定經學科大學文學科大學章程書後〉……等諸文。

一、文學主張

　　王國維的「文學主張」，筆者以為可分別從「價值」、「功能作用」、「性質」與「發展」四個層面，逐一分析和理解。

　　首先是「價值」方面，王國維主張「文學」自有其獨立存在之價值，萬不得倚之為手段作為求利或達成某種政治目的的工具，其在〈文學小言·一〉云：

> 昔司馬遷推本漢武時，學術之盛，以為利祿之途使然。余謂一切學問，皆能以利祿勸，獨哲學與文學不然，何則？科學之事業……若哲學家而以政治及社會之興味為興味，而不顧真理之如何，則又絕非真正之哲學。此歐洲中世哲學之以辯護宗教為務者，所以蒙極大之污辱，而叔本華所以痛斥德意志大學之哲學者也。文學亦然，舖餟的文學絕非真正之文學也。〔註20〕

言下之意，即王國維認為當以「文學」為「文學」，創作文學時不應內含任何「功利」之目的。從事文學創作，當書寫確實發自內心的感懷、悸動……之情，恰如其《人間詞話》所謂：「詩人對宇宙人生，須入乎其內，又須出乎其外」，故又必須超然於「生活」、超越於「功利」之外，確實地感己所感、寫己所感，如其謂屈子「感自己之感、言自己之言」〔註21〕；否則，若是為了求利祿而創作出的「文學」，便也不能算是真正的「文學」。再有〈文學小言·

〔註20〕王國維，〈文學小言·一〉，《海寧王靜安先生遺書·靜安文集續編》，頁1799～1800。

〔註21〕王國維，〈文學小言·十〉，《海寧王靜安先生遺書·靜安文集續編》，頁1804。

三〉云：

> 人亦有言，名者利之賓也，故文繡的文學之不足爲眞文學也，與餬
> 餟的文學同，古代文學之所以有不朽之價值者，豈不以無名之見者
> 存乎，至文學之名起，於是有因之以爲名者，而眞正文學乃復託於
> 不重於世之文體以自見，逮此體流行之後則又爲虛車矣！故模倣之
> 文學，是文繡的文學與餬餟的文學之記號也。〔註22〕

王國維進一步指出除了「利」之外，「名」亦不當爲文學創作之目的，否則「文
繡」之文學與「餬餟」之文學相同，都非爲眞正的「文學」；且王國維在〈文
學小言・二〉亦表達其強烈反對將「文學」作爲追名逐利之工具的看法，云：
「個人之汲汲於爭存者，絕無文學家之資格也。」〔註23〕當需超脫於「爭存」
之外，方能成「眞文學」。至於什麼是「眞文學」呢？王國維在〈文學小言・
十七〉進一步具體說明，云：

> 吾人謂戲曲小說家爲專門之詩人，非謂其以文學爲職業也。以文學
> 爲職業，餬餟的文學也。職業的文學家，以文學得生活；專門之文
> 學家，爲文學而生活。〔註24〕

王國維以戲曲家、小說家爲例，認爲他們才是創作眞文學的人；著眼之根據
並非因他們的職業與文學創作有關，而是因爲他們眞正做到將「生活」融於
「文學」、「文學」融於「生活」的目標〔註25〕。又言：「今餬餟的文學之途蓋
已開矣！吾寧聞征夫思婦之聲，而不屑使此等文學囂然污吾耳也。」〔註26〕
王國維再次提出極端反對以功名利祿爲目的之文學創作，而強調「文學」的
獨立存在價值。另一方面，按王國維之說，乃認爲戲曲、小說屬其所謂的「眞
文學」，而這無疑也體現出他對於戲曲、小說等文體的重視程度；王國維治戲
曲、小說之學問，或由此得徵見肇端。〔註27〕

　　其次，是就「文學」的功能作用而言，王國維在〈奏定經學科大學文學

〔註22〕王國維，〈文學小言・三〉，《海寧王靜安先生遺書・靜安文集續編》，頁1801。
〔註23〕王國維，〈文學小言・二〉，《海寧王靜安先生遺書・靜安文集續編》，頁1801。
〔註24〕王國維，〈文學小言・十七〉，《海寧王靜安先生遺書・靜安文集續編》，頁1807
　　　～1808。
〔註25〕雖筆者以爲此說固然有武斷之嫌得再商榷的餘地，然並無妨礙作爲觀察「王
　　　國維的文學主張」的重要關鍵之一。
〔註26〕同註24，頁1808。
〔註27〕王國維，〈論哲學家與美術家之天職〉言：「……甚至戲曲小說之純文學……」
　　　可知他將戲曲、小說定位爲「純文學」，即其所謂「眞文學」也。

科大學章程書後〉中首先對「哲學」提出看法，進而談到「文學」，其云：

> 必以哲學爲無用之學也。雖余輩之研究哲學者，亦必昌言此學爲無
> 用之學也，何則？以功用論哲學，則哲學之價值失；哲學之所以有
> 價值者，正以其超出乎利用之範圍故也。且夫人類豈徒爲利用而生
> 活者哉，人於生活之欲外，有知識焉，有感情焉。感情之最高之滿
> 足，必求之文學、美術。知識之最高之滿足，必求諸哲學。〔註28〕

又說：

> 今若以功用爲學問之標準，則經學、文學等之無用，亦與哲學等，
> 必當在廢斥之列。〔註29〕

乍看之下，王國維似乎對「文學」的功能作用抱持著不信任的負面心態，認
爲「文學」乃屬「無用」之學問。但事實上王國維並非如此認爲，其於〈論
哲學家與美術家之天職〉曾提到：

> 天下有最神聖、最尊貴而無與於當世之用者，哲學與美術是已，天
> 下之人囂然爲之曰「無用」，無損於哲學、美術之價值也。……就其
> 所貢獻於人之事業言之，其性質之貴賤，固以殊矣。至就其功效之
> 所及言之，則哲學家與美術家之事業，雖千載以下，四海以外，苟
> 其所發明之眞理與其所表之之記號之尚存，則人類之知識感情由此
> 而得其滿足慰藉者，曾無以異於昔。〔註30〕

由此可見，王國維所謂「無用」實乃「無用之用」之意。就實際物質功能作
用而言，「文學」、「哲學」與「美術」的確不是屬於「有用」的學問；因爲「文
學」等學問的眞正功能作用在於感情上的「慰藉」，而且是「直接之慰藉」。
王國維原先治學方向以「哲學」爲主，後感心疲轉向對「文學」產生興趣，
其於〈自序・二〉云：

> 余疲於哲學有日矣！哲學上之說，大都可愛者不可信，可信者不可
> 愛。……知其可信而不能愛，覺其可愛而不能信，此近二三年中最
> 大之煩悶，而近日之嗜好所以漸由哲學而移於文學，而欲於其中求
> 直接之慰藉者也。〔註31〕

〔註28〕 王國維，〈奏定經學科大學文學科大學章程書後〉，《海寧王靜安先生遺書・靜
安文集續編》，頁1820。
〔註29〕 同註28，頁1821。
〔註30〕 王國維，〈論哲學家與美術家之天職〉，《海寧王靜安先生遺書・靜安文集》，
頁1712～1713。
〔註31〕 王國維，〈自序・二〉，《海寧王靜安先生遺書・靜安文集續編》，頁1787。

又說：

> ……此等感情上之疾病，固非乾燥的科學與嚴肅的道德之所能療
> 也。感情上之疾病，非以感情治不可……而美術之慰藉中，以文學
> 爲尤大……。〔註32〕

「文學」的功能作用之一，在於能夠提供人們感情上的慰藉與滿足；而之所以能夠發揮這種功能作用的原因，則可照見其於〈《紅樓夢》評論〉中所談論到的「解脫之道」及「美術之目的」的概念，並於〈文學小言・二〉中亦提出「游戲」概念，其云：

> 文學者，游戲的事業也。人之勢力用於生存競爭而有餘，於是發而
> 爲游戲……而成人以後又不能以小兒之游戲爲滿足，於是對其自
> 己之感情及所觀察之事物而摹寫之、詠歎之，以發洩所儲蓄之勢
> 力。〔註33〕

王國維主要是吸收了西方哲學家康德、席勒（Johann Christoph Friedrich von Schiller，1759～1805）對於文學起源採「遊戲說」的看法爲基礎，進一步提出自己對於「文學」功能作用的主張；其說大抵指人們的一切內在情緒、情感可以藉助文學創作得到適當的宣洩出口，釋放積存於內心的壓力，恰如其所謂「人之精神於焉洗滌」一說，進而使得人們在精神上獲得滿足與慰藉。

綜觀上述，已大致體現出王國維對於「文學」的功能作用的主張，乃從文化精神層面著手，認爲「文學」對於人心精神具有「慰藉」之功能作用；並且，「文學」的功能作用，是不能夠以衡量實際物質利益的標準，作爲判斷「文學」「有用」或「無用」的唯一依據。

再次，是從「性質」層面理解王國維的「文學主張」。王國維在〈文學小言・四〉中如此分析「文學」的性質，其云：

> 文學中有二原質焉，曰景、曰情。前者以描寫自然及人生之事實爲
> 主，後者則吾人對此種事實之精神的態度也；故前者客觀的，後者
> 主觀的也；前者知識的，後者感情的也……文學者不外知識與感情
> 交代之結果而已。苟無銳敏之知識與深邃之感情者，不足與於文學
> 之事。此其所以但爲天才游戲之事業，而不能以他道勸者。〔註34〕

〔註32〕 王國維，〈去毒篇〉，《海寧王靜安先生遺書・靜安文集續編》，頁 1835。
〔註33〕 同註23，頁 1800～1801。
〔註34〕 王國維，〈文學小言・四〉，《海寧王靜安先生遺書・靜安文集續編》，頁 1801

認爲「文學」的基本性質，不外乎爲寫「景」、寫「情」。「景」屬客觀、知識，而「情」則屬主觀、感情，乍看之下二者屬性似乎各爲極端不有交會，然實則卻唯有互爲表裡、交相揉合，方能成就「文學」事業。此外，王國維於《人間詞話》中亦提到相似的文學主張，唯敘述對象較爲具體，稱「寫實家」與「理想家」，但其內含的本質意義，與「景」、「情」二者的關係概念頗爲相似，云：

> 自然中之物，互相關係，互相限制。然其寫之於文學及美術中也，必遺其關係、限制之處。故雖寫實家，亦理想家也。又雖如何虛構之境，其材料必求之於自然，而其構造，亦必從自然之法律。故雖理想家，亦寫實家也。〔註35〕

簡單來說，「寫實家」以寫「景」爲主，「理想家」以寫「情」爲主，但「文學」泰半得兼合「景」、「情」二者。因此，雖「景」、「情」之屬性，表面上看來是不相謀合且分屬極端之兩側，但實際上卻是構成「文學」的基本元素，也是「文學」的基本性質。唯於各別文學作品中，「景」、「情」所佔之比重不同，故會造成鑑別文學風格時的偏向，而有「寫實」或「理想」等區別；但若要成就「文學」一業，則勢必要能適切地兼合「景」、「情」二者才行，即所謂「苟無銳敏之知識與深邃之感情者，不足與於文學之事。」〔註36〕

最後就「發展」層面來說，王國維認爲文體的興衰、更迭，是爲必然發生之自然情形，見《人間詞話》「已刊稿」第五十四則，云：

> 四言敝而有楚辭，楚辭敝而有五言，五言敝而有七言，古詩敝而有律、絕，律、絕敝而有詞。蓋文體通行既久，染指遂多，自成習套。豪傑之士，亦難於其中自出新意，故遁而作他體，以自解脫。一切文體所以始盛終衰者，皆由於此。故謂文學後不如前，余未敢信，但就一體論，則此說固無以易也。〔註37〕

無論是何種文體，當它發展至極盛且歷時一久，則語彙、格律、筆法……等方面，便容易出現「約定俗成」的習慣或套路，即便不是刻意模仿、學習，卻也可能因爲有類似的閱讀經驗、生活體驗、文化背景……等客觀因素影

〔註35〕王國維，《海寧王靜安先生遺書・人間詞話》，頁5604。
〔註36〕同註34，頁1802。
〔註37〕同註35，頁5616。

響，而導致習慣、套路的沿襲。因此，若想跳脫既有文體的俗套，則文學創作者為避陳套，便會嘗試創新、變革文體，而新興之文體又會再沿循「始盛終衰」的軌跡發展。另一方面，王國維亦為各時代之代表文體作定調，其《宋元戲曲考・序》云：

> 凡一代有一代之文學：楚之騷，漢之賦，六代之駢語，唐之詩，宋
> 之詞，元之曲，皆所謂一代之文學，而後世莫能繼焉者也。〔註38〕

王國維此說來源，應是借鑑於焦循的文學發展觀念，認為每個時代各有其所特善之文體，而之所以造成這種文學發展的原因，即誠如上述王國維在《人間詞話》「四言敝而有楚辭⋯⋯」一段的分析。〔註39〕

　　總結上述，王國維的「文學主張」：一、「文學」具有獨立存在之價值；二、「文學」有提供人們精神上「直接之慰藉」的功能作用；三、「文學」之基本性質有「景」、有「情」，二者之關係乃相輔相成而自然揉合於「文學」之中；四、「文學」大抵沿循「始盛終衰」的軌跡發展，而成就各時代的「一代之文學」。至於王國維的「文學理論」，即有部分是構築於此四項「文學主張」之上。

二、文學理論

　　王國維的「文學理論」，重要者大致歸納有「真」、「美」與「境界」之說，以下逐一探討：

（一）真

　　從本質上而言，王國維所標舉的「真」意味著人們性情的「純真」、「天真」，他特別舉李後主為例，其云：

> 詞人者，不失其赤子之心者也。故生於深宮之中，長於婦人之手，
> 是後主為人君所短處，亦即為詞人所長處。故後主之詞，天真之詞
> 也。〔註40〕

又云：

〔註38〕王國維，〈宋元戲曲考・序〉，《海寧王靜安先生遺書・宋元戲曲考》，頁 5635。
〔註39〕清・焦循，《易餘籥錄》卷十五：「一代有一代之所勝，欲自楚騷以下，撰為一集。漢則專取其賦，魏晉六朝至隋則專錄其五言詩，唐則專錄其律詩，宋專錄其詞，元專錄其曲。」引自《叢書集成續編》第二十九冊（臺北：新文豐出版公司，1989 年），頁 369。
〔註40〕同註 35，頁 5606。

> 客觀之詩人，不可不閱世；閱世愈深，則材料愈豐富、愈變化，《水
> 滸傳》、《紅樓夢》之作者是也。主觀之詩人，不必多閱世；閱世愈
> 淺，則性情愈眞，李後主是也。〔註41〕

愈是不經世故琢磨，則愈能保有「赤子之心」與「性情之眞」。此說近似李贄
「童心說」所指之未受「道理見聞」干擾的「眞心」、「最初一念知本心」的
看法。唯二人所持立論不同之處，在於李贄所謂「文」者，與政治、道德倫
理未做切割，而王國維則講究「文學」的獨立存在價值，故對於以詩、詞作
爲「羔雁之具」者頗不以爲然，認爲非屬「眞」之「文學」。〔註42〕

而於審美過程中，王國維的「眞」包含有「眞切」、「眞實」（忠實）及「自
然」等多重內涵，其謂：

> 「昔爲倡家女，今爲蕩子婦；蕩子行不歸，空牀獨難守。」「何不
> 策高足，先據要路津？無爲久貧賤，轗軻長苦辛。」可謂淫鄙之
> 尤。然無視爲淫詞、鄙詞者，以其眞也。五代、北宋之大詞人亦
> 然。非無淫詞，讀之者但覺其親切動人。非無鄙詞，但覺其精力彌
> 滿。可知淫詞與鄙詞之病，非「淫」與「鄙」之病，而游詞之病
> 也。……〔註43〕

此處「眞」含有「眞切」之意，謂眞切地表達內心之感受，不暗藏隱晦之意
於其中，明白地抒發內心的感受及情緒；則若「美刺投贈之篇」、「隸事之句」
及「粉飾之字」，皆非爲「眞」。

其次是「眞實」（忠實）。王國維認爲「文學」要眞實呈現作者內心之所
感，是爲「眞實」情感的直接產物，其以屈子爲例，云：

> 屈子感自己之感，言自己之言者也。宋玉、景差，感屈子之所感而
> 言其所言，然親見屈子之境遇與屈子之人格，故其所言，亦殆與言
> 自己之言無異。賈誼、劉向其遇略與屈子同，而才則遜矣。王叔師
> 以下，但襲其貌而無眞情以濟之，此後人之所以不復爲楚人之辭者

〔註41〕 同註35，頁5606～5607。
〔註42〕 王國維，〈文學小言・十三〉：「詩至唐中葉以後，殆爲羔雁之具矣。故五季、
　　　　 北宋之詩（自注：除一二大家外），無可觀者。而詞獨爲其全盛時代。其詩詞
　　　　 兼擅如永叔、少游者，皆詩不如詞遠甚。以其寫之於詩者，不若寫之於詞者
　　　　 之眞也。至南宋以後，詞亦爲羔雁之具，而詞亦替矣（自注：除稼軒一人外）。
　　　　 觀此點足以知文學盛衰之故矣！」《海寧王靜安先生遺書・靜安文集續編》，
　　　　 頁1805～1806。
〔註43〕 同註35，頁5618～5619。

也。〔註44〕

此間點出「文學」之「眞實」的重要關鍵，即要能「感自己之感，言自己之言」，眞實地感受自我內心的感受，眞實地說出自己想要說的話，此屬對於「人事」的「眞實」。除此之外，王國維又云：「詞人之忠實，不獨對人事宜然，即對一草一木亦須有忠實之意，否則所謂游詞也。」〔註45〕不僅對「人事」須「眞實」，面對世間一切皆須「眞實」。

　　王國維〈文學小言・八〉云：「……故知感情眞者，其觀物亦眞。」〔註46〕創作者感受愈是眞切，則愈能觀察到人、事、物等的眞實，也就愈發能夠使「文學」達到「眞」。因爲，「文學」之所以能眞切、眞實，即源於「眞切的感情」與「眞實的存在」（包含人、事、物等）二者合一。悉如葉嘉瑩在《王國維及其文學批評》中爲王國維所謂之「眞」，作出更爲簡潔、明確的詮釋，云：「其所謂『眞』，其實就正指的是作者對其所寫之景物及感情須有眞切之感受。」〔註47〕

　　除「眞切」、「眞實」以外，王國維所謂的「眞」亦具備「自然」之意義；在此「自然」並非形容山、川、雲、雨等自然景致，而是純指精神上的「自然」。王國維《宋元戲曲考・元劇之文章》中提到：

> 元曲之佳處何在？一言以蔽之，曰：自然而已矣！古今之大文學，無不以自然勝，而莫著於元曲。蓋元劇之作者，其人均非有名位學問也，其作劇也，非有藏之名山，傳之其人之意也。彼以意興之所至爲之，以自娛娛人……比但摹寫其胸中之感想與時代之情狀，而眞摯之理與秀傑之氣，時流露於其間。故謂元曲爲中國最自然之文學，無不可也。若其文字之自然，則又爲其必然之結果，抑其次也。〔註48〕

知王國維所謂「自然」，大抵指能夠摒除「利祿功名」於心外，回歸純粹本心、本性觀照「物」、「我」，付諸文字而不具刻意雕琢、模擬之習氣，直抒「胸中

〔註44〕 同註21，頁1804～1805。
〔註45〕 同註35，頁5632。
〔註46〕 王國維，〈文學小言・八〉，《海寧王靜安先生遺書・靜安文集續編》，頁1804。
〔註47〕 同註1，頁241。葉氏所詮釋之原文爲王國維《人間詞話》：「境非獨謂景物也。喜怒哀樂，亦人心中之一境界。故能寫眞景物、眞感情者謂之有境界，否則謂之無境界。」
〔註48〕 同註16，頁5782。

之感想」、描摹「時代之情狀」，則成就「自然」之「文學」是爲「必然之結果」。此亦王國維所謂「眞」之一種。

王國維持「眞」的概念面對「文學」，而「眞」也就成爲其從事文學批評的標準之一，其《人間詞話》云：

> 大家之作，其言情也必沁人心脾，其寫景也必豁人耳目。其辭脫口
> 而出，無矯揉妝束之態。以其所見者眞，所知者深也。詩詞皆然。
> 持此以衡古今之作者，可無大誤矣。〔註49〕

由此可見，在王國維眼中的「大家之作」，「眞」是必要具備的條件之一，無論是能「言情沁人心脾」、「寫景惑人耳目」或「其辭無矯揉裝束之態」，溯及源本，蓋出乎於「眞」。

（二）美

王國維的「美學」觀點可從兩方面理解，一是就「性質」而言，另一則就「型式種類」而言。從「性質」上來說，王國維著眼關鍵在於「不與利害相關」，凡牽扯「利害」者便不爲「美」，其於〈叔本華之哲學及其教育學說〉如此論道：「唯美之爲物，不與吾人之利害相關；而吾人觀美時，亦不知有一己之利害。」〔註50〕又在〈古雅之在美學上之位置〉直接對「美」之性質作說明，云：

> 美之性質，一言以蔽之，曰：可愛玩而不可利用者是已。雖物之
> 美者，有時亦足供吾人之利用，但人之視爲美時，決不計其可利
> 用之點。其性質如是，故其價值亦存於美之自身，而不存乎其外。
>
> 〔註51〕

探知王國維對「美」之基本講究，即取決於有無「利害」之關係。筆者以爲，王國維此說法係出自於「直觀」，因「利害」關係之有無，實取決於個人感知上之體認；雖「美」亦能爲人所利用，然捨卻其「利害」關係後，則「美」猶不失其爲「美」之價值。只是能否作到捨卻「利害」而體會到「美」的存在，則又牽涉各人感知體認的差異性，故以爲偏屬「直觀」。

〔註49〕同註35，頁5617。
〔註50〕王國維，〈叔本華之哲學及其教育學說〉，《海寧王靜安先生遺書・靜安文集》，頁1569。
〔註51〕王國維，〈古雅之在美學上之位置〉，《海寧王靜安先生遺書・靜安文集續編》，頁1791。

　　就「形式種類」而言，王國維首先將「美」分為「優美」與「壯美」（宏
壯）二類，並詳加說解二者之區別〔註52〕。其於〈古雅之在美學上之位置〉
云：

> 美學上之區別美也，大率分為二種：曰「優美」，曰「宏壯」……前
> 者，由一對象之形式，不關於吾人之利害，遂使吾人忘利害之念，
> 而以精神之全力，沉浸於此對象之形式之中，自然及藝術中普通之
> 美，皆此類也。後者，則由一對象之形式，越乎吾人知力所能馭之
> 範圍，或其形式大不利於吾人，而又覺其非人力所能抗，於是吾人
> 保存自己之本能，遂超越乎利害之觀念外，而達觀其對象之形式，
> 如自然中之高山、大川、烈風、雷雨，藝術中偉大之宮室、悲慘之
> 彫刻象、歷史畫、戲曲、小說等皆是也。此二者其可愛玩而不可利
> 用也。〔註53〕

又見〈《紅樓夢》評論〉云：

> 而美之為物有二種，一曰「優美」，一曰「壯美」。苟一物焉，與吾人
> 無利害之關係，而吾人之觀之也，不觀其關係，而但觀其物；或吾人
> 之心中無絲毫生活之欲存，而其觀物也，不視為與我有關係之物，而
> 但視為外物，則今之所觀者，非昔之所觀者也，此時吾心寧靜之狀態，
> 名之曰「優美之情」，而謂此物曰「優美」。若此物大不利於吾人，而
> 吾人生活之意志為之破裂，因之意志遁去，而知力得為獨立之作用，
> 以深觀其物，吾人謂此物曰「壯美」，而謂其感情曰「壯美之情」。……
> 而其快樂存於使人忘物我之關係，則固與優美無以異也。……夫「優
> 美」與「壯美」，皆使吾人離生活之欲，而入於純粹之知識。〔註54〕

此外，王國維於〈叔本華之哲學及其教育學說〉中亦提出相同之說法，在
此省略不再作重複贅引。「優美」與「壯美」之區別，就在於達到最終目的的

〔註52〕　王國維於〈古雅之在美學上之位置〉、〈叔本華之哲學及其教育學說〉與〈《紅
　　　　樓夢》評論〉中，分別使用「宏壯」與「壯美」二詞立論。陳徽蔚，〈論《人
　　　　間詞話》之「有我之境」、「無我之境」〉（http://www.wei1105.idv.tw/work/wang.
　　　　htm，2009 年 2 月 7 日）針對「宏壯」與「壯美」二詞之定義區別作詳加論
　　　　析，茲列做參考用途。而此係非本論文之主要論題，故不予多加著墨，逕以
　　　　為「壯美」與「宏壯」同。
〔註53〕　同註 51，頁 1791～1792。
〔註54〕　王國維，〈《紅樓夢》評論〉，《海寧王靜安先生遺書‧靜安文集》，頁 1598～
　　　　1599。

途徑與方法不同。人們能夠在靜中直觀達到忘卻物我之關係，而暫時遠離生活之欲所帶來之苦痛者，如「自然及藝術中普通之美」即爲「優美」之屬〔註55〕。「壯美」則指面對超越吾人「知力所能馭」或「人力所能抗」者時，吾人於不自覺中啓動「保存自己之本能」，以超越「利害」之外的直觀感受，進而獲得之美感即屬「壯美」〔註56〕。而無論是「優美」或「壯美」，其最終不外乎是爲達到「快樂存於使人忘物我之關係」及「使吾人離生活之欲，而入於純粹之知識」目的。〔註57〕

王國維在〈古雅之在美學上之地位〉中提出「古雅」一詞，乃是獨立區別於「優美」與「壯美」之外的審美概念。王國維在開篇即先釐清「古雅」一詞所謂何者，其云：

> 「美術者天才之製作也」此自汗德（康德）以來百餘年間學者之定論也。然天下之物有決非眞正之美術品，而又絕非利用品者；又其製作之人決非必爲天才，而吾人之視之也若與天才所製作之美術無異者，無以名之，名之曰「古雅」。〔註58〕

王國維認爲所謂「美」者，不必然爲「天才之製作」才會成爲「美」，即若一般沒沒無名者之製作，只要能使人有「美」之感受，則其製作同樣可稱之爲「美」；唯此「美」者，既非屬「優美」亦不是「壯美」，故另以「古雅」

〔註55〕葉嘉瑩，《王國維及其文學批評》大致說解何謂「自然及藝術中普通之美」，其云：「……即如大自然中之鳥鳴花放雲行水流，或藝術作品中之美麗的圖畫音樂詩歌等，都可使吾人產生優美之感情，這種經驗爲吾人所常有，所以易於了解。」見葉嘉瑩，《王國維及其文學批評》，頁173。

〔註56〕葉嘉瑩引康德，《美學判斷力批評》之說，強化說明「優美」與「壯美」之區別。其認爲「壯美」較「優美」多具二項特質，一爲「量」，一爲「力」。見葉嘉瑩，《王國維及其文學批評》，頁173。

〔註57〕叔本華對於「優美」與「壯美」詮釋：「如果是優美，純粹認識無庸鬥爭就占了上風，其時客體的美，亦即客體使理念的認識更爲容易的那種本性，無阻礙地，因而不動聲色地就把意志和爲意志服役的，對於關係的認識推出意識之外了，使意識剩下來作爲認識的純粹主體，以致對於意志的任何回憶都沒留下來了。如果是壯美則與此相反，那種純粹認識的狀況要先通過有意地，強力的掙脫該客體對意志那些被認爲不利的關係，通過自由的，有意識相伴的超脫於意志以及與意志攸關的認識之上，才能獲得。這種超脫不僅必須以意識獲得，而且要以意識來保存，所以經常有對意志的回憶隨伴著。」見郭玉雯，〈王國維《紅樓夢評論》與叔本華哲學〉，《漢學研究》第十九卷第一期，2001年6月，頁291。

〔註58〕同註51，頁1790～1791。

稱之。

「古雅」之性質。首先，必須瞭解「古雅」之載體，王國維在〈古雅之在美學上之位置〉謂：「『古雅』致存於藝術，而不存於『自然』」〔註59〕。「古雅」不似「優美」、「壯美」一般兼存於「自然」與「藝術」之中，「古雅」乃以人力製作而成，故少見以「古雅」讚花、鳥、山、河……等自然界之景致，卻會形容雕刻、繪畫、建築、音樂、文學……等人工造就的藝術作品，具有「古雅」之美感。王國維進一步說解何以判斷「古雅」，其云：

> 「古雅」之性質，既不存於自然，而其判斷亦但由於經驗；於是藝
> 術中「古雅」之部分，不必盡俟天才，而亦得以人力致之。〔註60〕

他指出「經驗」是判斷「古雅」的重要關鍵。而「經驗」是每個人都擁有的條件，天才有之，非天才者亦有之；每個人都能夠憑藉各自的「經驗」，而具備判斷「古雅」與否的審美能力。王國維再一次強調，「古雅」絕非天才所獨有之美感體認與審美能力，即便不是所謂的「天才」者，亦能藉由「經驗」的學習或培養，而獲得判斷「古雅」的審美能力。其次，王國維又說：

> 至論其實踐方面，則以「古雅」之能力能由「修養」得之，故可爲
> 每遇普及之津梁，雖中智以下不能創造「優美」及「宏壯」之物者，
> 亦得由「修養」而有「古雅」之創造力。〔註61〕

標舉出「古雅」與「修養」之間的關聯性。王國維所謂之「修養」的概念頗爲抽象且未見明說，筆者推測多和「理想人格」的概念相關。王國維於〈文學小言‧六〉云：「……故無高尚偉大之人格，而有高尚偉大之文學者，殆未之有也。」〔註62〕又〈文學小言‧七〉云：「……須濟之以學問，帥之以德性，始能產眞正之大文學。」〔註63〕雖此二說主要對象指向「天才」，然亦可略見王國維對於「理想人格」之追求與欣賞。而「理想人格」之養成，並非「天才」者的專利，常人亦可爲之；故即若常人難達「優美」、「壯美」之境地，卻能因爲具備「修養」而有「古雅」之審美能力與創造力。

至於「古雅」與「優美」、「壯美」之間的關係，王國維則強調「古雅」的獨立性與兼容性，其云：

〔註59〕同註51，頁1793。
〔註60〕同註51，頁1796～1797。
〔註61〕同註51，頁1799。
〔註62〕王國維，〈文學小言‧六〉，《海寧王靜安先生遺書‧靜安文集續編》，頁1803。
〔註63〕王國維，〈文學小言‧七〉，《海寧王靜安先生遺書‧靜安文集續編》，頁1803。

> ⋯⋯吾人所謂「古雅」，即此第二種之形式，即形式之無「優美」與「宏壯」之屬性者⋯⋯雖第一形式之本不美者，得由其第二形式之美（自注：雅）而得一種獨立之價值。〔註64〕

又說：

> 「優美」之形式使人心和平，「古雅」之形式使人心休息，故亦可謂之低度之「優美」。「宏壯」（壯美）之形式常以不可抵抗之勢力喚起人欽仰之情，「古雅」之形式則以不習於世俗之耳目，故而喚起一種之驚訝，驚訝者欽仰之情之初步，故雖謂「古雅」為低度之「宏壯」亦無不可也。故「古雅」之位置，可謂在「優美」與「宏壯」之間，而兼有此二者之性質也。〔註65〕

他認為「古雅」不屬於「優美」或「壯美」，而是於二者外的獨立「美」感；舉例來說，假設某一藝術作品不具備被稱「優美」或「壯美」的條件，則亦可能因為符合「古雅」條件而同樣被視為「美」之物品。故王國維謂「古雅」具「獨立之價值」。另一方面，「古雅」雖獨立於「優美」、「壯美」之外，然卻是兼容二者部分性質，唯程度上自然有所不及，故王國維謂「古雅」可稱為「低度之優美」或「低度之壯美」。

最後，王國維再從「教育」的概念出發，比較「古雅」與「優美」、「壯美」之間的差異，其指出：

> 故「古雅」之價值自美學上觀之，誠不能及「優美」及「宏壯」，然自其教育眾庶之效言之，則雖謂其範圍較大、成效較著可也。〔註66〕

若以金字塔型的概念作區分，「優美」、「壯美」屬於金字塔的上層，非「天才」難以達成，而所謂的「天才」畢竟是少數，故屬於小眾範圍且教育成效不如「古雅」；相對來說，「古雅」則屬於金字塔的下層，較「優美」、「壯美」更能為大眾普遍接受與認同，教育範圍及成效皆較「優美」、「壯美」更為普及和顯著。

王國維的文學批評作品中，以「美學」作為理論基礎者不在少數，包括〈《紅樓夢》評論〉直接標舉使用「美學」觀點研究文學作品，於其詩話、詞話中亦不乏借重「美學」進行文學批評。故筆者以為，「美學」足可視為王國

〔註64〕同註51，頁1793～1794。
〔註65〕同註51，頁1798～1799。
〔註66〕同註51，頁1799。

維從事文學研究時的重要理論工具之一。

（三）境界說

　　王國維於《人間詞話》開宗明義即標舉「境界」一說，並作爲其評詞之基準，同時也代表著王國維「文學理論」的核心概念。然，王國維未曾針對「境界」一詞的涵義作出明確界說，且往往與「意境」、「境」等詞彙混用，使用上不盡然嚴格。因此，針對王國維所提出之「境界」，各家學者有諸多揣測與說解產生，所指涉涵義也不盡相同。李長之〈王國維文藝批評著作批判〉指出王國維所謂之「境界」，即指「作品中的世界」；劉任萍〈境界論及其稱爲的來源〉言：「『境界』之含意，實合『意』與『境』二者而成」〔註67〕，李澤厚亦指出；「『意境』也可稱作『境界』，如王國維《人間詞話》的用法」〔註68〕；再有葉嘉瑩《王國維及其文學批評》從佛家語之「境界」，導論出著重「感受」性質的「境界」意義〔註69〕；除此之外，尚有諸家對王國維所謂「境界」提出見解，然大抵不脫上述三類說解之範疇。筆者以爲，關於王國維「境界」的三類說解，由於側重面向各有不同，若僅揀一類說解未必能充分窺見「境界」全貌，故當兼併並斟酌參之，而不必強意切割、獨立各說，亦更能幫助清楚理解王國維「境界說」所要揭示的內涵。

　　以下茲舉幾項王國維「境界說」之重要論點，並逐一探討分述，藉以深入瞭解王國維「境界說」所揭示的內涵意義：

　　首先是關於王國維「有境界」與「無境界」的說法。其於《人間詞話》云：「能寫眞景物、眞感情者，謂之有境界，否則謂之無境界。」〔註70〕此說與其所持「眞」之論點相爲呼應，指主體能夠將本身對客體之眞切感知、感受，藉由作品眞實呈現，使接受者能夠與主體有相同、相似，或者不同但更爲深刻的眞切感知、感受，謂該作品爲「有境」；反之，若主體無法對客體有眞切的感知、感受，或無法眞實呈現於作品之中，使接受者無法產生共鳴，難能體會主體所欲表現之眞切感知、感受，同時也無法發展出本身的任何眞

〔註67〕 劉任萍，〈境界論及其稱爲的來源〉，《人間世》第十七期（1945 年），頁 18。
〔註68〕 李澤厚，《美學論集》（臺北：駱駝出版社，1987 年），頁 326。
〔註69〕 葉嘉瑩云：「……雖然當靜安先生使用此辭（「境界」）爲語詞之術語時，其所取之含義與佛典中之含義已不盡同，然而其著重於『感受』之特質的一點，則是相同的，其可以兼指外在之感受與內載之感受的一點，也是相同的。……」見葉嘉瑩，《王國維及其文學批評》，頁 240。
〔註70〕 同註 35，頁 5604。

切感知、感受，則謂爲「無境界」之作品。就「文學」而言，有些文學作品用字平易、句法樸實，卻能夠有效地和讀者思維產生共鳴，而有深刻或眞切的感知、感受；然亦有些文學作品，寫得是雕琢曼辭、華麗美艷至極，但讀來卻不知所云、索然無味。此即「有境界」與「無境界」之分別。

再有，王國維云：「『紅杏枝頭春意鬧』，著一『鬧』字而境界全出；『雲破月來花弄影』，著一『弄』字而境界全出矣！」〔註71〕可見當主體欲將對客體的眞切感知、感受，轉換形成作品時，文句字詞的揀用亦爲成就「有境界」之重要關鍵；否則，若「鬧」、「弄」二字以他字代替，則接受者的感知、感受未必能如「鬧」、「弄」二字來得眞切、深刻。故從實際面看待「有境界」與「無境界」的分野關鍵，即在於文句字詞的揀用，是否能夠充分眞實地體現出作者眞切的感知、感受。

更有王國維云：「詞以境界爲最上。有境界則自成高格，自有名句。五代、北宋之詞所以獨絕者在此。」〔註72〕及《宋元戲曲考·元劇之文章》中讚元劇「文章之妙」在於「有意境而以矣」。由此二說觀之，「有境界」與「無境界」的分別，儼然是王國維評價文學作品成就高低時的重要標準之一。

其次是「有我之境」與「無我之境」。王國維《人間詞話》云：

> 有有我之境，有無我之境……有我之境，以我觀物，故物皆著我之
> 色彩。無我之境，以物觀物，故不知何者爲我，何者爲物。古人爲
> 詞，寫有我之境者爲多，然未使不能寫無我之境，此在豪傑之士能
> 自樹立耳。〔註73〕

「有我之境」係指作品中所描寫之客體，內含主體的情緒、意志，有明顯的「物」、「我」關係存在；「無我之境」則謂所描寫之客體中，不察有主體之情緒、意志，「物」、「我」關係模糊，甚至薄弱到幾乎不存在，「物」、「我」混揉成一體，難以作形式上的切割。王國維以馮延巳〈鵲踏枝〉「淚眼問花花不語，亂紅飛過秋千去」與陶淵明〈飲酒詩之五〉「采菊東籬下，悠然見南山」爲例，分別表述「有我之境」、「無我之境」。若嘗試簡化，以人稱敘述的角度分析，馮氏〈鵲踏枝〉二句中含有「第一人稱」及「第二人稱」之間的交流，而陶氏〈飲酒詩之五〉二句，則感覺是以全知的「第三人稱」觀點進行描述，

〔註71〕同註35，頁5604。
〔註72〕同註35，頁5603。
〔註73〕同註35，頁5603。

而無明顯的「第一人稱」及「第二人稱」交流情形。

　　再次，王國維認爲創作「境界」分爲二大系統，一曰「造境」，一曰「寫境」，其《人間詞話》云：

　　　　有造境，有寫境，此理想與寫實二派之所由分，然二者頗難分別。

　　　　因大詩人所造之境，必合乎自然，所寫之境，亦必鄰於理想故也。
　　〔註74〕
所謂「寫境」，主要爲作者將所見聞之現實生活，如實地納入作品中所呈現出的「境界」，而其所臨摹的「原型」結構即取自於「現實生活」之中；「造境」則多出於作者的虛構與想像，可能憑藉作者過去的閱讀經驗、生活體驗及個人才賦，造就創作時的虛構、想像並付諸於文字，即爲「造境」之屬。若更爲簡化區別「造境」與「寫境」，則「造境」偏屬「主觀」，而「寫境」則偏屬「客觀」。

　　就此定義而言，「造境」與「寫境」似爲各自獨立的創作系統，實際上卻非如此，二個體之間實爲互相依存、互相融合，而非爲互相排斥、牴觸的關係。因爲，即若作者試圖全以「寫境」方式創作，但勢必仍存有主觀意志於其中；而欲純以「造境」者，任憑其如何虛構、想像，終究難以全然脫離現實生活，因其虛構、想像仍必須建構於「現實」之上。總而言之，「造境」與「寫境」二者雖各爲獨立概念，實則必相融合爲一體，唯一差別是在個別作品中所佔的比重不盡相同而已，但原則上仍屬無法清楚分割的創作概念。

　　最後是關於評價「境界」的標準。在文學批評家眼中，各文學作品的「境界」自有其優劣高下之分，但所持之衡量標準並非取決於「境界」是「大」是「小」。王國維在《人間詞話》云：「境界有大小，不以是而分優劣。……」〔註75〕，強調文學作品中所展現出的「境界」，雖有大、小之分，卻不能以此爲判斷優劣高下的標準。舉例來說，浩垠無涯的大海和潺湲細流的小溪，各具其美，未嘗有孰優孰劣之分；再以王國維的「美學」觀點來說，「優美」與「壯美」同樣爲「美」，惟性質、取向各有不同，絕難斷言「壯美」定強於「優美」，或「優美」必勝於「壯美」。故知「境界」之「大」者未必強於「小」者，而「小」者亦未必勝於「大」者，是以「大」、「小」非爲判定文學作品「境界」優劣高下之標準。

〔註74〕同註35，頁5603。
〔註75〕同註35，頁5604～5605。

綜觀上述，「境界說」作爲王國維重要文學理論之一，且多以此爲從事實際文學批評時的主要理論工具，尤以《人間詞話》爲最多；而它雖具有作爲獨立理論之價值，然亦與王國維的其他文學理論有相關連，如「眞」、「美」等，更有不少王國維的文學主張是以此說爲原點向外延伸擴張。故知王國維「境界說」所蘊含及延伸的知識系統甚爲龐大，若能對此說有清楚的認識，相信有助於掌握「王國維的文學觀」的全貌。

小　結

總結以上，大致歸納出幾項「王國維的文學批評」的相關重點。首先，王國維的重要文學批評論著，本章列舉有三：〈《紅樓夢》評論〉、《人間詞話》、《宋元戲曲考》，觀其內容及論證過程，明顯地反映出王國維在不同的階段中，其治「文學」的方向及態度不盡相同。其次，「王國維的文學觀」則分爲「文學主張」及「文學理論」二部分進行探討，大抵梳理出「文學」於王國維心中之定位情形，包括具有獨立存在價值、慰藉人心的功能、性質爲「景、情」融合及「代變說」的文學發展概念；亦針對其所標舉的文學理論，擇其三要逐一分述，包含「眞」、「美」及「境界說」。

期能藉由以上討論，勾勒出「王國維的文學批評」的大抵輪廓，並配合後章〈王國維的圖書版本、目錄學〉的討論結果，作爲後續探討「王國維圖書版本、目錄學著作的書寫情形」的初步依據。

第四章　王國維的圖書版本、目錄學

　　「文獻學」大抵範圍包含版本、目錄、校勘、典藏及金石之學等項目，王國維所善治者有版本、目錄、校勘、金石學四方面，今以「王國維圖書版本、目錄學著作的書寫情形」為主要研究議題，故本論文係針對其圖書版本、目錄學方面的著作進行探討；而在實際討論其該類著作的「書寫情形」之前，則必須對於王國維治圖書版本、目錄學的整體情況有所瞭解，故本章乃以「王國維圖書版本、目錄學」為討論主題，藉以作為後章〈王國維圖書版本、目錄學著作的書寫情形〉開展論述的基礎。

　　本章凡分二節，第一節〈王國維的版本學〉，係說明王國維治版本學概況；第二節〈王國維的目錄學〉，梳理王國維治目錄學的概況；最後〈小結〉，總結本章所述。

第一節　王國維的版本學

　　王國維治學強調「探本考源」，對於書籍的「版本」甚為留心考究，包括從事校勘工作時的底本良莠選擇，還有書籍的版刻源流及刊刻情形，皆屬其「版本學」所治範圍。以下概從王國維「鑑別版刻方法」、「考究版刻源流」、「客觀檢視版刻」、「對於『鈔本』的研究」及「以事實決事實」等五方面分別舉例探討，期能藉此清楚觀照王國維治版本學的整體形貌。

一、鑑別版刻方法

　　王國維鑑別版刻時多能靈活運用「版本學」相關知識，或「藉他本辨此本」，或藉行款、字體、避諱字、編撰人員、刻工、圖書印記、歷史發展……

等線索瞭解該書詳細的刊刻時地，進而鑑別書籍版本。以王國維〈舊刊本毛詩注疏殘葉跋〉為例，其云：

> 江安傅氏藏舊刊《毛詩注疏》卷二第十六葉……刊刻精細，與宋越本、建本均不同。按常熟瞿氏有《尚書注疏》二十卷……正義序後別附纂圖，其地理圖題平水劉敏仲編，蓋即平陽刊本，貴池劉氏藏。元元貞丙申，平陽梁氏刊《論語注疏解經》十卷……行款並與之近，當亦平水刊本。岳倦翁舉注疏本，有越本，有蜀本，有建本；越本八行、建本十行，蜀本世未有傳者，此十三行者殆即蜀本。元人平蜀，遠在得江南之先，故平陽所刊書多蜀本。《尚書》、《論語》二疏，蓋亦自蜀本出歟。〔註1〕

王國維透過分析其他書籍的行款、編撰人員、刊刻品質……等資訊，歸納並推論其所見《毛詩注疏》刊刻地區應為平陽，屬「蜀本」系統；其次，再藉中國歷史發展過程進一步提出佐證，說明推論該《毛詩注疏》確為「蜀本」之其他因素，並同時推斷瞿氏所藏《尚書注疏》及梁氏所刊《論語注疏解經》，二者與該《毛詩注疏》俱屬「蜀本」系統的版刻。

又其〈宋撫州本周易跋〉云：

> 此宋撫州刊本也，板心所記刻工姓名，如：高安國、余堅、余仁、朱涼等，均與撫州本《禮記》刻工同；即卷五第十五葉板心所記之「巴川鄒郁」，《禮記》卷五第八葉及卷十三第十四葉，均作「崇仁鄒郁」，故蜀人之流寓，江右者未可據，是定為「蜀本」也。〔註2〕

宋代所刊刻之本，於版心處多附載刻工姓名，目的以利工錢計數；而後世考辨書籍版本者，即以此作為鑑別方法之一，瞭解該書籍版本刊刻時地。王國維即是依照此法，判定其時所見《周易》為「宋撫州刊本」。

再有王國維藉字體、行款、避諱字及校編人員等線索以考辨版本者，如〈內府藏宋大字本孟子跋〉，其云：

> 內府藏宋刊大字本《孟子章句》十四卷……與日本復宋大字本《爾雅注》行款正同，《爾雅》後有李鶚書欵一行，其源出於「五代監本」，此本避諱至孝宗，諱「慎」字止，而字體作「瘦金書」，當亦

〔註1〕 王國維，〈舊刊本毛詩注疏殘葉跋〉，《海寧王靜安先生遺書・觀堂集林》，頁1030～1031。

〔註2〕 王國維，〈宋撫州本周易跋〉，《海寧王靜安先生遺書・觀堂別集》，頁1327。

南渡後所翻北宋末監本也。考孟子刊本始於祥符《玉海》(註：四十
三)……而行款乃與五代北宋監本同，頗疑徽宗時監中別有刊本
(註：席益補刻成都石經《孟子》亦在此時)，此本作宣和體，殆從
彼本出也。……〔註3〕

王國維首先透過行款比較，先推得此本源於「五代監本」，續藉其用字之避諱
情形及字體查察年代，再配合其他如圖書印記等相關資訊，確認此本爲宋朝
南渡後所重刊的「宋監本」。

　　由以上所舉諸例，不難察覺王國維從事版刻鑑別工作時，絕非死守一法
不知變通，乃是綜合多項「版本學」專業知識，融會貫通靈活應用，包括循
歷史發展脈絡爲己說法提供強力佐證，或與他本相互參校考其異同，或藉「書
籍」所提供的各類第一手資訊作爲考辨版本的素材和工具；此皆爲王國維於
「鑑別版刻方法」方面的重要成就，亦爲後人學習「鑑別版刻方法」時的效
法實例。

二、考究版刻源流

　　王國維藉由上述諸鑑別版刻方法，結合「目錄學」相關知識及前人研究
成果，多半即能夠清楚掌握屬於該書籍的相關資訊，並且進一步考究出其版
刻源流。以〈覆五代刊本爾雅跋〉爲例，其云：

日本室町氏重刊舊本《爾雅》……卷末有「將仕郎守國子四門博士
臣李鶚」一行，案趙德甫《金石錄》：「後堂汾陽王眞堂記李鶚書」。
鶚五代時仕至「國子丞」，九經印版多出其所書，前輩多貴重之。王
仲言《揮塵錄》：「後唐平蜀，明宗命太學博士李鶚(註：原訛作諤)
書五經，刊板於「國子監」，是此書尚出五代監本。……自出五代監
本，惟釋草椵木槿注，或呼「日及」，不作「白及」(註：五代監本
作「白及」，見《宋史·儒林·田敏傳》)，則已經宋人校正。又高宗
嫌名「遘」字或闕筆，則又宋南渡後遞翻之本矣！案《玉海》紹興
九月七日詔下州郡索國子監元頒善本校對鏤板，又二十一年五月詔
令國子監訪尋五經三館舊監本鏤板……則此本實紹興後重刊舊監
本。……〔註4〕

〔註3〕　王國維，〈內府藏宋大字本孟子跋〉，《海寧王靜安先生遺書·觀堂別集》，頁
　　　　1327～1328。
〔註4〕　王國維，〈覆五代刊本爾雅跋〉，《海寧王靜安先生遺書·觀堂集林》，頁 1021

王國維見該書末題有李鶚，據《金石錄》所載知確爲五代人李鶚，再藉《揮塵錄》及《玉海》知五代的「九經三傳」多出於李鶚且刊刻於「國子監」，故推測源於五代監本。次藉《宋史》比校，查該本其中一註語作「日及」，與五代監本作「白及」不同，故推該本爲經宋人校正後之版本。再次，藉避諱用字考知該本爲宋室南渡後之本，又據《玉海》所載確認該本爲「紹興」之後重刊的舊監本。

再有〈宋刊本爾雅疏跋〉一文，其云：

> 烏程蔣氏藏宋刊《爾雅疏》十卷……明文淵閣舊藏，即吾鄉陳仲魚先生經籍跋文中所著錄者也。按宋刊諸經單疏存於今日者：臨清徐氏有《周易正義》、日本楓山官庫有《尚書正義》……巴黎國民圖書館藏唐人書《老子道德經義疏》，亦每行二十四字至三十字不等；其餘唐人所書佛經疏，亦無不然。是五代刊九經用大字，宋初刊經疏用小字，皆仍唐人卷子舊式也。宋初刊五經正義咸於淳化五年，七經正義咸於咸平四年，此本猶是咸平舊式；然於欽宗嫌名「筐」字、高宗嫌名「媾」字，皆闕一筆，又多元明補刊之葉，乃南渡後重刊北宋監本，又經元明修補者也。……此本用洪武中公牘紙印，又有明初補板，乃明南雍印本。〔註5〕

王國維辨析各時期刊經所用字體大小、型式，藉以判定蔣氏所藏《爾雅疏》之刊刻時期，再查避諱用字確知該書爲宋室南渡後重刊北宋監本，續以所見元明間補刊之葉得知該書在元明時期曾受修補，最後憑藉紙張質地並曾有明時補刊之跡象，故斷言該《爾雅疏》爲「明南雍印本」，而其原版刻則溯於「北宋監本」。

經此二例，可察見王國維「考究版刻源流」的推證過程針對各重點環節皆詳加考釋，頗具層疊遞進、綿密不透的感覺；姑且不論其溯本考源的成果正確性如何，然足知其所言非屬捕風捉影、妄下定論之類，而是自有其一套推證脈絡可供循跡。除上述所舉二例之外，於《五代兩宋監本考》、《兩浙古刊本考》及其他散見《觀堂集林》、《觀堂別集》的諸篇論著，亦俱能徵見王國維從事「考究版刻源流」的足跡。

〜1023。

〔註 5〕 王國維，〈宋刊本爾雅疏〉，《海寧王靜安先生遺書・觀堂集林》，頁 1024〜1027。

三、客觀檢視版刻

　　王國維《五代兩宋監本考》中，對於「七史」的考述加有案語，云：「又南北朝七史，明南雍並有九行十八字舊板，即南宋監本，昔人皆以爲眉山七史，實則重刊北宋或眉山本耳。」知其乃認爲傳世南宋重刊九行本「七史」，並非是眉山所刻，即非爲蜀大字本，可惜其未詳述理論根據；而其門人趙萬里則於〈兩宋諸史監本存佚考〉中提出三點證明，補充王國維鑑別傳世南宋重刊九行本「七史」非出於蜀本系統的理論根據，其云：

　　　　至南北朝七史，世稱之眉山本，亦謂之蜀大字本，蓋本《郡齋讀書志》。實則出於北宋舊監本，與眉山本無涉。……是臨安、蜀中二本，皆出於北宋監本。然今所傳者，乃臨安本而非眉山本，其確證有三：傳世大字本「七史」，元時版入西湖書院，明時版在南監。凡入南監諸版，皆江南或浙閩所雕，無蜀中刻本，其證一。眉山刊書，當時最有盛名，傳世宋刻本確爲眉山本者……諸書無論大小字體，刊工體勢與傳世宋刊「七史」均不合，而「七史」字體方整古厚，與浙本相近，其證二。「七史」中《梁書》版心下記刊工姓名有龐知柔、曹鼎、童遇諸人，皆浙人也。浙本《朱子大全集》亦龐知柔等所刊，關於龐等重修《梁書》，其爲浙刊而非蜀刊，斷可知矣，其證三。〔註6〕

趙氏即從史料、字體、刻工三個層面，斷言傳世南宋九行本「七史」非蜀中刻本，而爲臨安刻本。然孤證難明，且趙萬里亦未詳細明說其舉證過程，故潘美月〈南宋重刊九行本七史考〉中，即以趙氏所舉三證爲本，進一步就史料、字體、刻工三方面加其佐證，藉此更能確定傳世南宋九行本「七史」之刊刻時地〔註7〕。實際上，王國維除了質疑並否定傳世南宋重刊九行本「七史」爲蜀本系統的說法，亦直指遭世人誤判爲蜀本的版刻書籍絕不僅有「七史」而已，見其《傳書堂藏善本書志》記載《宋書》「宋刊明修本」部分，文中即言：

　　　　世人見宋大字本輒謂之蜀本，如日本所覆《爾雅注》，末有李鶚書一

〔註6〕轉引自潘美月，〈南宋重刊九行本七史考〉，《故宮圖書季刊》第四卷第一期，頁70～71。

〔註7〕關於潘美月考證傳世南宋九行本「七史」刻於臨安的過程情形，詳見潘美月，〈南宋重刊九行本七史考〉，《故宮圖書季刊》第四卷第一期，頁70～85。

行，明係南宋所覆五代舊監本，又如南監所印大字本《史記》，乃淮南轉運司所刊，題記俱存，世皆謂之蜀本，則於南北朝七史又何怪焉？〔註8〕

王國維直言世人凡見「大字本」即認定是為「蜀本」系統，卻不經詳加考證、辨析就妄下結論；對於如此輕率的治學方法和態度，王國維表以否定及嗤之以鼻的態度看待。王國維以日本所藏《爾雅注》為例〔註9〕，謂世人考證多不精細，對於書中的蛛絲馬跡亦無詳加查察；更舉南監所印大字本《史記》為例，指出該書題記之中，俱以寫明刊刻出處為淮南轉運司，世人卻以為「大字本」即是「蜀本」的態度妄下斷言，如此草率的態度豈不貽笑大方，故云：「則於南北朝七史又何怪焉？」諷刺意味甚重。據此，除能徵見王國維重嚴謹、創新的治學態度之外，同時也揭示出王國維治學時不媚俗、不囿於前人之言的風骨，使其能秉持著理性的態度客觀檢視版刻，而不致落入人云亦云的學究之流。

四、對於「鈔本」的研究

「鈔本」歷來為不少明、清藏書家、版本學家所重視，認為「鈔本」之價值，僅次於宋本而已，如胡應麟曾云：「凡本，刻者十不當鈔一，鈔者不當宋一。」〔註10〕黃丕烈亦云：「大凡書籍安得盡有宋刻而讀之，無宋刻，則舊鈔本貴矣。舊鈔本而出自名家所藏，則尤貴矣。」〔註11〕可見鈔本是藏書家眼中僅次於宋刻的珍貴版本，若又出自名家之筆所鈔，其價值與意義則更加非凡。事實上，並非所有鈔本皆具有如此高貴的價值，舉凡校勘不精、字體不優，亦非出於名家所鈔者，恐怕就無法得到藏書家或版本學家的青睞。而「鈔本」於版本學上最為重要的價值和意義，即在於其有助於對古書的「校勘」及「補闕」二事。孫從添云：「明板坊本、新鈔本，錯誤遺漏最多，需覓宋元版、舊鈔本、校正過底本，或收藏家秘本細細讎勘，反覆校過，連行款

〔註8〕王國維，《傳書堂藏善本書志‧二》（臺北：藝文印書館，不著出版年），頁15。

〔註9〕詳細考證情形見王國維，〈覆五代刊本爾雅跋〉，《海寧王靜安先生遺書‧觀堂集林》。

〔註10〕明‧胡應麟，《少室山房筆叢》甲部《經籍會通》卷四（上海：上海書店，2001年8月），頁43。

〔註11〕清‧黃丕烈撰、繆荃孫等輯，《蕘圃藏書題識》卷七（臺北：廣文書局，1999年3月），頁647。

俱要照式改正，方為善本。」〔註12〕此間不僅見孫氏對於明代坊本及新鈔本的評價，同時亦徵見「鈔本」的「校勘」價值。書籍在流傳、遞藏過程中，往往會受到許多外在因素影響，例如：天災、兵燹、政治力……等，導致書籍出現損毀或者亡佚；而現今所見便有諸多古籍的內容，實為藉由二種或二種以上不同的版本拼湊而成。因此，若刊本內容有不全或闕漏的情形發生，卻於某「鈔本」中得見闕漏、不全之處，刊書者就可能會以「鈔本」與「刊本」相互參照並予以補刊，以宋刻《愧郯錄》為例，黃丕烈於書後記有題識，云：

> 此宋刻《愧郯錄》八冊，計十五卷，雖其間抄者七十五葉，空白者十葉。然以意揣之，抄者必非無據，空白者亦是闕疑。仍不失為古書之舊……余取知不足齋所刻本相勘行欸，正同空白亦合，當是此刻所翻，則誠祖本矣！〔註13〕

又張元濟跋曰：

> 蕘圃謂原書空白十葉與知不足齋刊本相合，定為祖本，且謂抄者「必非無據」。余嘗見同式後印者二部及曹溶《學海類編》印本，亦均無此十葉……友人周君越然購得祁氏「澹生堂」鈔本半部，余聞之往假開卷，則此十葉者宛然具在。因逐錄之倩人依原書款式寫補，各葉前後適相銜接……有人覆印之時而是書忽出且亡其半，而有此十葉之半部獨不亡，不可謂非異事矣！〔註14〕

藉此知「鈔本」具有的「補闕」功用，同時亦略能徵見「鈔本」之於版本學的部分重要價值，但實際上「鈔本」之精貴處未必僅此而已，施廷鏞《古籍珍稀版本知見錄》進一步擴充分析良好「鈔本」的可貴之處，其云：

> 鈔本之可貴，不在它是鈔本，而在於它不同于常本。大率鈔本之可貴者，需具有幾項要素：一、名人手鈔，確認是某人真跡；二、其非名人手鈔，但經名手校正，而校正之字，勝於刻本；三、字句與刻本不同，其不同處，較刻本為佳；四、通行本之字句，有為鈔本所缺者，而所缺之字句，反足以證明刻本中文字有非撰者原文；五、刊本久佚，存者僅此鈔本，則此鈔本之價值，實與孤本或稿本無異；

〔註12〕清·孫從添，《藏書記要·校讎》（臺北：藝文印書館，1973年），頁9～10。

〔註13〕清·黃丕烈，《愧郯錄》書後題識，引自《四部叢刊續編·子部》，不著頁數。

〔註14〕清·張元濟，〈愧郯錄·跋〉，引自《四部叢刊續編·子部》，不著頁數。

　　六、有名人手跋或收藏印記。〔註15〕

而此六點，大抵含括了如何評價「鈔本」優劣的重要標準，同時也說明了「鈔本」的部分重要功能。

　　依照「鈔本」的發展情形按時代劃分，則自唐代到清代之間的「鈔本」，大抵分作唐寫本、宋鈔本、元鈔本、明鈔本與清鈔本。而於王國維諸多文獻學論著中，以「唐寫本」及「明鈔本」作為研究對象者數量頗多，如收錄於《觀堂集林》中的〈唐寫本太公家教跋〉、〈唐寫本兔園冊府殘卷跋〉、〈唐寫本老子化胡經殘卷跋〉、〈唐寫本韋莊秦婦吟跋〉……等，於《傳書堂藏善本書志》中所收錄書籍版本，亦多屬「明鈔本」系統。而王國維之所以對於「唐寫本」及「明鈔本」多有著墨，筆者認為可分為內在因素及外在因素二方面探討其因。

　　「外在因素」的部分，筆者嘗試從王國維的交遊方向切入探討。於本論文第二章〈王國維生平及其時代背景〉中提到王國維曾與羅振玉、蔣汝藻、狩野直喜三人交厚，而此三人的眾多收藏中不乏有「唐寫本」及「明鈔本」，並且不吝於提供王國維作為研究參考之用，如王國維〈唐寫本春秋後語背記跋〉：「上虞羅氏藏唐寫本《春秋後語》，有背記八條……。」又〈唐寫本太公家教跋〉：「宣統己酉歲，法國伯希和教授言其所得敦煌書籍……頃於羅叔言參事唐風樓中見此卷……」可知王國維當為閱覽羅振玉藏書中的「唐寫本」，故得以作跋考據；其次，王國維《觀堂集林》中所收諸篇有關「唐寫本」的跋文中，皆提及所見之版本乃狩野直喜錄自英倫博物館的藏本，如其於〈唐寫本靈棋經殘卷跋〉云：「此殘卷亦狩野博士所錄……」和〈唐寫本韋莊秦婦吟跋〉云：「……亦英倫博物館所藏，狩野博士所錄……」；再者，《傳書堂藏善本書志》為蔣汝藻商請王國維為其藏書所編纂，而蔣氏「傳書堂」藏書中收有不少的「明鈔本」，故王國維必然得以遍閱蔣氏所藏諸多「明鈔本」。換言之，王國維之所以對於「唐寫本」、「明鈔本」能夠多有認識與研究，就外在因素而言，即王國維得見諸多「唐寫本」及「明鈔本」的實物。

　　而於「內在因素」方面，「唐寫本」因其出現時代較早，按理來說當與原本較為接近，故愈能徵見原始文獻的整體情形，而王國維雖非秉持「貴古賤今」的觀點在從事版本學研究，但相信其對於「古本」亦是保有相當程度的

〔註15〕 施廷鏞，《古籍珍稀版本知見錄》（北京：北京圖書館出版社，2004 年 10 月），頁 118。

重視；另一方面，如同上述所提，書籍在流傳過程中往往因爲其他外在因素導致損毀或闕佚，然損毀或闕佚處有時卻剛巧能於「寫本」中見得，對於補全書籍內容有相當大的助益。以王國維〈唐寫本老子化胡經殘卷跋〉爲例，其云：

> 巴黎國民圖書館藏老子化胡經卷一、卷十兩卷，卷一首殘闕數行，此英倫博物館所藏化胡經卷一，較彼本多十一行；而首行老子化胡經序下，紀撰人姓名處尚存一「魏」字……序作四言韻語，爲他書序所未見，巴黎本卷首有闕佚，得此本校補，序文略可讀矣！〔註16〕

巴黎本序文有所闕漏，原本是不利於閱讀和理解的，但藏於英倫博物館的唐寫本卻恰巧有其闕漏處之內容，故取二本序文之內容相互參照，盡可能拼湊出其序文原貌，則愈能幫助閱讀及理解該序文之內容。至於「明鈔本」在補闕方面的實證，上述關於宋刻本《愧郯錄》的闕漏處，後來得藉明代祁氏「澹生堂」鈔本補全刊印一事，即是最佳例證。

實際上，筆者雖未察見王國維直言他對於「鈔本」的看法，但從王國維藉英倫博物館所藏「唐寫本」《老子化胡經殘卷》，盡可能地補全巴黎本所闕漏處一事，推知其應該也認同「鈔本」於校勘、補闕方面有重要的價值與意義。此外，由於明代喜刻書、鈔書者眾多，姑且不論品質如何，往往各家會有特定行款、版式的紙張，又或者會標明各自的書齋名於板心及特定區塊，而這些書籍的個別差異性，即有助於後世作爲鑑別、研究「鈔本」的重要線索與工具；這些都是「明鈔本」於版本學史上的重要特點，而王國維亦充分掌握到這些特點，往往倚之爲從事版本學研究時的重要依據。藉此，略能瞭解到王國維眼中「明鈔本」的重要價值和意義。

簡而言之，筆者認爲王國維之所以會對於「唐寫本」及「明鈔本」多有著墨的原因，可從兩個角度進行分析：外在因素，王國維多見唐寫本、明鈔本之實物；內在因素，王國維瞭解唐寫本、明鈔本於版本學上的重要價值與意義。

五、以事實決事實

《傳書堂藏善本書志》中關於《震澤長語》一書的記載，王國維所見「傳

〔註16〕王國維，〈唐寫本老子化胡經殘卷跋〉，《海寧王靜安先生遺書・觀堂集林》，頁 1006。

書堂」收藏版本有三，提要著錄情形分別如下：

1. 《震澤長語》二卷　明刊本

　明王鏊撰

　　王世隆序　嘉靖丁酉　自序

　　馮應元後序　嘉靖十五年

　　天一閣藏書〔註17〕

2. 《震澤長語》二卷　明鈔本

　　無序跋　天一閣藏書〔註18〕

3. 《震澤長語》二卷　鈔本

　　此似影鈔明刊本而無序跋〔註19〕

筆者以為主要關鍵為王國維對於第三種版本的載錄情形。按王國維記載其所見《震澤長語》的第一種版本（明刊本），書中包含有前、後序文，亦明確知道作序者及作序年代。《震澤長語》的第二種版本（明鈔本），王國維之所以判斷為「明鈔本」，筆者揣臆其根據理由可能有二，其一為王國維親見該版本，進而憑其個人專業知識斷定為「明鈔本」；其二，因知該書原為「天一閣」所存藏，故據「天一閣」的藏書目錄或者亦能知為「明鈔本」。而關於《震澤長語》的第三版本（鈔本），王國維卻僅記為「鈔本」，並云：「此似影鈔明刊本而無序跋」，此間透露二項訊息：（一）已知《震澤長語》確有明刊本及鈔本，且此本與「明鈔本」同屬無序跋之版本，若推斷此本為「明本」亦具備相當程度的合理性，但王國維卻僅以「鈔本」記之，應是對於此本的傳鈔年代有所存疑，故不願輕率立言；（二）王國維針對此本的說明，云：「此似影鈔明刊本而無序跋」，按其說法此鈔本所根據之底本可能為「明刊本」，但前、後序文刪去，僅鈔錄本文的部分，則意味此本與「明刊本」的關連性較「明鈔本」來得更為密切，但因無直接的明確證據證明三者之相互關係，故特以「似」字作臆測語氣而不輕易妄下斷語，其講究「證據」的治學態度昭然可見。

藉此，我們可以察覺到王國維於鑑別版刻或考究版刻源流方面，均持有其個人的治學堅持，強調「以事實決事實」，對於其個人所不確定、不明白及

〔註17〕王國維，《傳書堂藏善本書志・八》，不著頁數。
〔註18〕同註17。
〔註19〕同註17。

不見有力證據的想法內容，雖仍會忠實地記錄下來但多是持以保守態度，而不會妄下評斷；此即爲王國維〈古史新證・總論〉中自云：「雖古書之未得證明者，不能加以否定；而其已得證明者，不能不加以肯定，可斷言也。」〔註20〕所彰顯的嚴謹治學態度。而此態度是爲治學之根本，用於治版本、考據之學尤其重要，否則焉能輕易擁有「每下一義，泰山不移」的公信力。

　　綜合以上對於「王國維的版本學」的敘述，我們大抵可以理出王國維治版本學方面有四項重點：（一）鑑別版刻方法多元，藉由書籍當中所透露的蛛絲馬跡，包含字體、行款……等第一手資料，以及刻書文化、歷史發展等第二、三手資料，充分結合這些知識作爲鑑別版刻的重要工具；（二）善於結合其他學科知識，包含：歷史學、目錄學……等，藉以考究該書籍的版刻源流；（三）檢視版刻態度客觀且不會囿於他人之說法，詳細查察前人之謬誤處並加以明辨；（四）對於「鈔本」的研究，其焦點多集中於「唐寫本」及「明鈔本」兩大系統（五）強調「以事實決事實」，事事講究證據，凡有疑慮、不明處，絕不妄下定論。觀此五點，已能大抵觀照王國維於治版本學方面的情形及特點；至於王國維圖書版本學著作的書寫情形，則留於後章〈王國維圖書版本、目錄學著作的書寫情形〉中一併論述。

第二節　王國維的目錄學

　　王國維治「目錄學」之淵源與其交遊甚有相關，觀其結交友人多有目錄學家或藏書家，如繆荃孫、羅振玉、蔣汝藻及劉承幹等人。王國維在與這些朋友結交過程中，不僅多得見珍本秘籍，並且與他們切磋學問的同時，對於王國維在治「目錄學」方面亦有諸多啓發〔註21〕。又誠如上節所言，王國維治學重視「探本考源」，諸多版刻的流傳及演變過程，藉「目錄學」相關知識便得探其大概。

　　王國維的「目錄學」成就，以下茲分作三個方向逐一探析：

一、實際編纂藏書志

　　蔣汝藻延聘王國維爲其「傳書堂」（密韻樓）藏書撰寫書志，名爲《傳書

〔註20〕王國維，〈古史新證・總論〉，《古史新證——王國維最後的講義》（北京：清華大學出版社，1994 年 12 月），頁 2。
〔註21〕王國維與繆荃孫等人的相交情形，參見本論文第二章〈王國維生平及其時代背景〉。

堂藏善本書志》，爲近代「目錄學」重要著作之一。《傳書堂藏善本書志》所作書目分類及編纂體制，大抵依循《四庫全書總目提要》，共分「經、史、子、集」四部，於各書名後載其版刻源流、序跋撰人、作者姓名……等；續作書籍提要，詳列藏書印記、行款版式、校勘訛誤、避諱……等重要資訊，凡遇宋元善本，甚至再附校記，載其細考比勘之結果，如「宋刻本」《爾雅疏》，其所附校記達二十五頁之多。以下分就「考訂」及「體例」兩部分，探析王國維編纂《傳書堂藏善本書志》的「目錄學」成就。

（一）考 訂

王國維在《傳書堂藏善本書志》中，對於「考訂」一事致力甚深且成就不俗，舉其項目概有撰者生平及爵里、卷數異同、闕遺補刊，以下分舉幾例說明之。

1. 撰者生平及爵里

《四庫全書總目提要·凡例》云：「每書先列作者之爵里，以論世之人；次考本書之得失，權眾說之異同，以及文字之增刪，篇帙分合，皆詳爲訂辨，巨細不遺。」〔註22〕王國維倚之爲編纂書志準則，於此多著心力考訂，自各類文獻資料中，或以逐項細校，或以由小觀大，總之務求所載錄的書籍資訊是精確詳實。以《傳書堂藏善本書志》中所載鄭敷教《周易廣義殘槁》爲例，其提要云：

> 無書題及撰人名氏，惟書中有鄭敷教印。鄭敷教之印、士敬滎陽諸印，知爲有明遺老鄭桐庵先生手稿也。先生字士敬，吳縣人。崇禎庚午舉人，在復社與張天如、楊維斗齊名。國變後，家居教授終其身，徐俟齋先生其弟子也。先生有《周易廣義》四卷，此爲初稿，尚未分卷。〔註23〕

王國維所見此書猶屬初稿，故無詳分其卷，亦未題撰人姓名；憑藉書中藏印，王國維確定爲後來正式出版的《周易廣義》作者鄭敷教所撰，惟推知此書乃鄭氏之初稿、手稿本。既知書籍作者爲誰，則王國維進一步略述鄭氏之生平、爵里及相關資料。又見《傳書堂藏善本書志》載《尚書疑義》一條，提要云：

〔註22〕清·永瑢等撰，《武英殿本四庫全書總目提要》（臺北：臺灣商務印書館，1983年），頁1-36。

〔註23〕王國維，《傳書堂藏善本書志·一》，頁7。

存《周書》〈泰誓〉至〈秦誓〉，無撰人姓名，范氏天一閣藏書。案
《經義考》著錄『馬明衡《尚書疑義》一卷』……明衡，字子萃，
莆田人，官至監察御史。附見《明史・朱淛傳》。〔註24〕

王國維所見「傳書堂」《尚書疑義》藏本中，無著撰者姓名，亦不有如《周
易廣義殘槁》中有附有藏印，故無法直接考究著者為何人；然王國維藉由其
「目錄學」知識，透過《經義考》、《明史・藝文志》、《千頃堂書目》等「目
錄」，考辨該書為馬明衡所撰，並略列馬氏生平、爵里，亦載明引據出處。又
凡遇本身無法考明撰者為何人時，王國維秉持「實事求是」之精神，直言「不
知為何人也」而不會匡作臆測，如其《傳書堂藏善本書志》載「《古篆分韻》
明刊本」言：「……屬輯是書劉氏。不著其名，不知為何人也」，且撰者標
註處亦作「明劉□□撰」表示〔註25〕；又如記載「《七十二子粹言》明刊本」
的部分，其編撰者標註處僅作「不著編輯姓氏」，但因該書附有跋文且知為
弘治壬戌年間的都穆所跋，故以「都穆跋（弘治壬戌）」記。此間不僅得見
王國維對於書籍編撰者之重視，同時也反映出王國維治學態度及方法的嚴
謹程度，不會輕易忽視書籍中任何細微的蛛絲馬跡，並盡可能的作最詳實的
紀錄。

2. 卷數異同

由於古籍的編輯刊刻及傳鈔過程，因時、因地、因人的不同，往往衍生
成各類版本，而各版本間所錄之卷數亦不盡相同；當王國維編纂書志，凡遇
此卷數疑義之困擾，則會特別留心詳加查察。如：《傳書堂藏善本書志》載《尚
書疑義》一條，其提要云：

……案《經義考》著錄『馬明衡《尚書疑義》一卷』，《明史・藝文
志》與《千頃堂書目》均作六卷，《四庫》據《天一閣》著錄亦云六
卷。此本存《周書》〈泰誓〉及〈秦誓〉，應得全書之半，而卷首但
有書名，不屬卷第，以下亦不分卷，與《四庫》所據《天一閣》不
同。然《提要》謂馬書於洪範日月之行用沈括說於金縢頗有疑辭，

〔註24〕王國維，《傳書堂藏善本書志・一》，頁11。王國維所謂《明史・朱淛傳》，查
　　　　為《明史》第二〇七卷〈列傳〉第九十五中的〈朱淛〉一段，載云：「明衡，
　　　　字子萃。父思聰，死宸濠難，自有傳。明衡登正德十二年進士，授太常博士；
　　　　甫為御史，即與淛同得罪。閩中學者率以蔡清為宗，至明衡獨受業於王守仁。
　　　　閩中有王氏學，自明衡始。」
〔註25〕同註23，頁90。

皆見此本中，實係一書，蓋范氏所藏別本也。……〔註26〕

經王國維詳考諸「目錄」，得其之間卷數差異結果，斷定「傳書堂」藏《尚書疑義》的版本與范氏「天一閣」等諸本相異。又有一例，《傳書堂藏善本書志》載《書經直解》共有十三卷，而「《經義考》云八卷，前有萬曆十八年錢與映序……朱氏（彝尊）所見乃錢氏翻刻之本，故分卷不同。此本（指「傳書堂」藏本）十三卷，猶用唐石經卷數，錢氏改爲八卷，失之矣！」〔註27〕此王國維憑書籍卷數之不同，而考辨出其各所據之版本源流。於《傳書堂藏善本書志》中，不乏似此二例者，經考訂卷數之異同，判別版本之差異。

3. 闕遺補刊

書籍經長時間流傳後，其闕遺情形幾乎成爲必然之常態，故補刊工作遂也爲因應需要而隨之並起。王國維在著錄書志同時，亦留心書籍的闕遺及補刊情形。如《傳書堂藏善本書志》載《春秋公羊疏》「宋刊本」，其提要云：

> 存首七卷，餘闕。又卷二缺末半葉，卷三闕首七葉，卷七缺第七葉，又闕末第十一第十二葉……宋諱敬、殷、恒、貞、完、桓諸字，俱缺末筆，乃南渡後重刊北宋監本，而卷三第十一、十二兩葉，卷六第十二葉，均明初刊補，乃明初南監印本也。〔註28〕

王國維細辨該書闕遺之處，再以各朝的避諱字作爲查察依據，考知補闕刊印時所用之版本爲「明初南監印本」。又有《傳書堂藏善本書志》載《大廣益會玉篇》「明刊本」，提要云：「每半葉十二行，行二十八字。闕卷十九至卷二十二，明人影鈔全補切義《玉篇廣韻》四卷補之；書題不同，然體例一也。此明內府刊本所從出。」〔註29〕王國維詳載該書之闕遺，再言該闕遺處乃由明人擷取體例相同，但名稱不同的書籍內文將之補全，同時也註明作爲補刊用途的書籍版本爲「明內府刊本」。

以上所舉數例，僅爲王國維《傳書堂藏善本書志》之一隅，其中猶有諸多相關考訂例證，爲免冗贅故不再逐條枚舉，均可細見於王國維編纂《傳書堂藏善本書志》中。

〔註26〕同註23，頁11。
〔註27〕同註23，頁11～12。
〔註28〕同註23，頁40～41。
〔註29〕同註23，頁84。

（二）體 例

臺靜農曾於《傳書堂藏善本書志》「出刊後記」云：

> 是編以四部書計約兩千種，皆宋元明清精刻，並名家鈔本，多人間
> 未見之書，先生（指王國維）一一書其版本源流及收藏印章，而考
> 校精賅，無溺古佞宋之習，信是醇儒撰述。〔註30〕

藉由臺靜農的說法，可知為王國維編錄於《傳書堂藏善本書志》中的藏書，計約兩千種，而其對於藏書的分類方法，大抵依循《四庫全書總目提要》分類之法，並無特別之獨創，但在著錄諸書之提要方面，則有其別於他人之獨到處。王國維編纂《傳書堂藏善本書志》，對於諸書的各類可徵之訊息俱作有詳細之記錄。於各書書名之下，標明所存卷數、刊行時代及版本類型，其次為編撰人姓名、序跋（包含有序跋或無序跋、序跋之作者及年代）或銜名等。而於提要主述部分的內容，則依各書情形不同，可能記有行款、版本源流、刊刻牌記、藏書印、遞藏情形、避諱及他人題識，並時有針對編撰書者或收藏家的簡介；此外，若遇有名家所撰寫之題跋，則會予以抄錄。總而言之，凡為可徵之書籍相關訊息，王國維幾乎是無不詳備；而如此繁備的藏書志體例，在王國維編纂《傳書堂藏善本書志》之前，實不多見。

除此之外，上文亦提及王國維長於考證、校勘之學，凡遇有質疑處必當詳加考證，若見著宋元善本時，則喜取其他版本與宋元善本互作校勘，故《傳書堂藏善本書志》中有部分書籍的提要，內容亦包含有王國維個人的考證過程、觀點及校勘情形（校記）。如王國維於記載「《魯詩世學（三十二卷）·詩傳（二卷）》稿本」，其提要：

> ……夫豐氏於詩之次第，自云本之石經，其《詩傳》、《詩說》二書
> 亦云石經所載。安有同一石經，而二本互異。其偽造之跡，即此業
> 已顯然。然此稿本不出，又安知其作偽之拙劣於此極乎？〔註31〕

此間可見王國維清晰的考證思路，同時亦足見其對該偽本所表達的強烈批判和不屑之情。又如「《周禮》（十二卷）明覆宋本」提要云：「……諸本『王』皆作『玉』，惟越註疏本、建大字本作『王』。此本『玉』作『王』，而又不附疏，其出自建大字本無疑。」〔註32〕即見王國維於提要中詳細說明校勘

〔註30〕臺靜農，〈出刊後記〉，《傳書堂藏善本書志·十四》，不著頁數。
〔註31〕同註23，頁 14～15。
〔註32〕同註23，頁 23。

情形，並倚之爲推斷所見《周禮》的版本源流的主要根據。更有如記載「《爾雅疏》（十卷）宋刻本」，王國維於該書提要中詳細考證其版刻源流，並附上一篇獨立「校記」，其篇幅達有二十五頁之多，足見王國維對該宋刻本《爾雅疏》的重視程度。〔註33〕

二、校治書目

除「編纂藏書志」外，「校治書目」亦爲王國維「目錄學」的重要成就之一。經王國維校治之藏書目錄、書目，舉其要者如：《直齋書錄解題》、《文淵閣書目》、《內閣藏書目錄》、《四庫全書總目》、《千頃堂書目》……等諸籍，詳細校語著錄於其所編《傳書堂藏善本書志》中。其中在校治《千頃堂書目》部分，王國維並非針對黃虞稷的原稿作校治，而是以「《適園叢書》本」校蔣氏「傳書堂」藏「陳仲魚鈔校本」，校後王國維讚「陳仲魚鈔校本」云：「……故正文與注比諸家藏本獨多，當爲此書第一足本也」〔註34〕。據吳修藝〈王國維校治《千頃堂書目》的成就〉統計，王國維於《傳書堂藏善本書志》中訂補《千頃堂書目》共計有二百一十四條。〔註35〕

三、典藏存佚

王國維藉由比校目錄，發覺不同的藏書目錄所登載的藏書內容不盡相同，且其留意到亡佚書籍的種類爲何，故進一步推敲其中緣由，得出結論。其〈明內閣藏書目錄跋〉云：

> 以此目與文淵閣書目比校，所亡之書以筆記、詩集爲最多；而地志一門所儲者，皆嘉靖以後新脩之本，舊目中之舊志、新志兩目乃無一存者，吁，可異已。筆記、詩集之亡，可由竊書者所嗜解之：古地志之亡，蓋以當時既收爲新志，以舊志爲無用別置他處，遂不見於此目，眞可惜也。〔註36〕

認爲筆記、詩集之書，亡佚情形嚴重，泰半因竊書者多尤好此道，故專盜竊此類書籍以致亡佚；而地志之所以存目不全，則多係因「貴新賤古」所致。

〔註33〕關於王國維對於「《爾雅疏》（十卷）宋刻本」的記述情形，詳見王國維，《傳書堂藏善本書志·一》，頁71～72。

〔註34〕王國維，《傳書堂藏善本書志·五》，不著頁數。

〔註35〕吳修藝，〈王國維校治《千頃堂書目》的成就〉，《王國維學術研究論集》（二），頁342～352。

〔註36〕王國維，〈明內閣藏書目錄跋〉，《海寧王靜安先生遺書·觀堂別集》，頁1345。

觀此二說，從書籍藏存及書目編纂角度而言，書籍散佚乃為稀鬆平常之事，然若推及「文化」層面，則可能出現下列諸點揣臆：

（一）假設王國維所謂「筆記」係確指「筆記小說」而言，則意味「筆記小說」於明代必然蔚為一時風尚且喜好者眾，否則焉有專竊「筆記」之理；若再進一步臆測，則或因明代內閣所藏「筆記」多為當時不傳及希見之本，竊書者可能意圖據為己有，或以為重新刊刻印行而有利可圖，故專竊「筆記」。但無論如何，「筆記」於明代大量發達、興盛一事，於「中國文學史」上幾乎早已被視為定論。而「詩集」部分，或因當時多附庸風雅之人，喜藏「詩集」以自居，故竊「詩集」亦有利可圖。

（二）沈德符《萬曆野獲編・先朝藏書》云：「……此輩皆貲郎倖進，雖不知書，而盜取以市利者，實繁有徒。」〔註37〕由此推想，當時「筆記」與「詩集」必然在市面上普遍流通，而這也間接顯示出當時文學風氣的走向；否則既非因個人喜好存藏，於市又無利可圖，殊不知盜竊之意圖為何？

（三）「地志」存藏多「貴新賤古」，此事或與當時掌管藏書之人的才德學識相關，昌彼得、潘美月《中國目錄學》中指出：「……因當時典掌書籍者大半為貲郎，對於四部之旨懵然無知，又不知愛惜閣中收藏，故書籍漸為人所竊取，於是缺逸過半。」〔註38〕文中雖以「竊書」為主要焦點，但已足凸顯當時藏書掌管人員的專業素養和知識不足，故誤以為古舊地志不具保存價值而隨意置放，終導致亡佚不存的情形，未嘗不是可能成立之推論。

以上揣臆不過為眾多可能性推論中之一隅，而其出發點皆源於王國維〈明內閣藏書目錄跋〉中的論點，只是再進一步擴大其討論層面而已。另一方面，此間也意味著王國維藉由比校「目錄」，注意到了書籍文獻的典藏和存佚情形，並針對這類情形作分析得出結論，清楚地闡釋書籍亡佚之原因；而根據此推論結果，則又可能推導出更多不同面向的研究成果。除〈明內閣藏書目錄跋〉外，王國維猶有諸篇「目錄學」相關文章，其中亦針對「典藏存佚」議題有所討論，如〈大元馬政記跋〉。

〔註37〕清・沈德符，《萬曆野獲編》（臺北：新興，1976 年 11 月），頁 28。
〔註38〕昌彼得、潘美月，《中國目錄學》，頁 177。

再者，王國維於《傳書堂藏善本書志》中撰書錄、解題，內容多半錄有「藏書印記」，藉由這些藏書印記，即大抵可梳理出該書過去的存藏過程與情形，如：載《周易解》「鈔本」提要末云：「不著撰人姓名，每卷首題『周易解』，版心題『周易詳解』。舊爲怡邸及朱修伯藏，書有明善堂覽書畫印記、朱學勤印、修白三印。」〔註39〕又如載《三家詩拾遺》「鈔校本」提要云：「……有抱經堂藏書印、歙西長塘鮑氏知不足齋藏書印、六一山房藏書、鄞六一山房董氏藏書諸印。」〔註40〕再如載《國語》「明刊本」提要云：「……有弱候吳克元印、戊戌進士古修堂珍藏圖書、李慎勤伯家藏、儉德齋諸印。」〔註41〕透過考析藏書印記，即能概知該書過去的「典藏存佚」情形，包括年代和曾經爲何人（或單位）所秘藏，甚至可能進一步推理出藏書家們個別的藏書嗜趣或藏書單位的存藏屬性。另一方面，《傳書堂藏善本書志》所錄的諸多書籍，王國維俱有標明收藏來源，如記載「《晁氏客語》明刊本」、「《石林燕語》明刊本」、「《蒙齋筆談》明鈔本」、「《吹劍錄》明鈔本」……等，文中皆有註明「天一閣藏書」，此舉不僅揭示王國維重視本源的治學特性，同時也爲後世研究書籍遞藏情形留下重要的線索。

小　結

本章章旨爲瞭解王國維治圖書版本、目錄學之整體概況，以作爲後章〈王國維圖書版本、目錄學著作的書寫情形〉的討論基礎。

總結上述討論，我們大抵歸納出王國維圖書版本、目錄學的幾項治學特點：（一）論述過程按部就班、環環相扣，討論內容細緻且詳密，兼之所引證者多屬合理、適切並能示明其本源，顯示非爲毫無根據漫天談論之屬，此點與其治學嚴謹、講究實事求是的態度頗相呼應；（二）王國維治學不喜拘泥於前人見解，多喜自有新發，亦勇於挑戰前人說辭，見其年少時曾撰文條駁俞樾《群經平議》一事即能略曉其治學之性，而此性同樣見於其治圖書版本、目錄學，故其作相關論述時總能不因前人見解而有所窒礙，反能心中不先存有偏見而眞實面對研究對象，以就事論事的客觀、理性態度去論析每一項所要研究的圖書版本、目錄學課題。

〔註39〕同註23，頁7。
〔註40〕同註23，頁15。
〔註41〕同註8，頁6。

第五章　王國維圖書版本、目錄學
著作的書寫情形

　　繼「哲學」、「文學」之後，王國維治學領域轉向「文獻學」深耕，圖書版本、目錄學即為其從事「文獻學」研究的重要一環。既然王國維在治「文獻學」之前，於治「文學」方面之成就已然不俗且深具心得；換言之，「文學」應已內化為其不可能全然割捨的一部份，縱使後來治學領域轉向「文獻學」發展，仍保有相當程度的文辭掌握和運用能力，而此可徵見於其「書寫情形」，故本章論述核心乃集中探討王國維圖書版本、目錄學著作的書寫情形。本章規劃凡分三節：第一節〈內容型式〉，藉由觀察王國維圖書版本、目錄學著作的內容型式，確立其該類著作的「文體」屬性；第二節〈敘述結構〉，分析王國維不同「內容型式」的圖書版本、目錄學著作，所呈現出敘述內容及鋪排結構的情形；第三節〈書寫模式和筆法〉，係從「書寫模式」及「書寫筆法」二面向，觀照王國維圖書版本、目錄學著作的書寫情形；最後是〈小結〉。

第一節　內容型式

　　王國維所撰的圖書版本、目錄學著作，按其內容型式分類，大抵多以「序跋」及「提要」的型式呈現。按姚鼐《古文辭類纂》的分類概念，「序跋」乃單獨歸為一類，但「提要」卻不在其分類行列之內；即在姚鼐分類邏輯中，未見「提要」單獨歸編為一類。不過，林紓在對於「雜記類」的說明中提出，云：「……記書畫、記古器物，又別為一類……書畫古器物之記，務尚考

訂，體近於跋尾。」﹝註1﹞即凡記載「書畫」和「器物」者，一併歸屬於「雜記類」之中，並重於考訂，體例近似「跋」文。而王國維無論是《五代兩宋監本考》、《兩浙古刊本考》或《傳書堂藏善本書志》中所書的「提要」，以「書籍」爲主要對象，且精於作「考訂」一事，與林紓所提出有關「雜記類」的歸類標準頗相符合；換言之，即「提要」可能可以被歸於「雜記類」之屬。

另一方面，縱使姚鼐並無將「提要」單獨歸爲一類，但詳見王國維所撰的「提要」部分內容義例及概念特性，既符合姚鼐所謂「雜記類」，卻又與「序跋」一類頗爲相似；故筆者以爲就王國維所撰之「提要」而論，或者不必強行爲之定於「序跋」或「雜記」的其中一類，但知按其所撰「提要」之內容義例及特性分界，大抵不脫「序跋」及「雜記」二類之屬，至於當明確歸於何者，恐怕也僅是見仁見智之論題而已。

以下即分別針對「序跋」、「提要」的內容義例和概念特性略作探討：

一、序　跋

所謂「序跋」實爲「序」、「跋」二文體之合稱。「序」、「跋」二者雖概念近似但並非全然相同，一般來說「序」多列於書首，而「跋」則列於書後。以下分別對於「序」、「跋」二文體作探討，藉以瞭解各自的內容義例和概念特性。

（一）序﹝註2﹞

「序」作爲文體之名，主要指凡書籍、文章撰成後，由作者本人或委由他人所撰的文章，其內容可能包括作者生平、寫作動機、心路歷程、思想觀點，或者闡釋文章要旨並加以評價等。初先「序」多置於書籍或文章之後，後則多列於書籍或文章之前。就內容性質來說，「序」除了具備介紹性質以外，往往兼有議論、抒情和敘事的性質，甚至可能單篇序文中即兼雜多類不同性質的內容；換句話說，「序」的內容性質，並無絕對的界限劃分，可爲議論文、敘事文，亦可爲抒情文，或者融合兼備二種以上的性質。

﹝註1﹞清・林紓，《畏廬論文》（臺北：文津出版社，1978 年 7 月），頁 20。
﹝註2﹞因「序」按目的性而言，又可分爲「書序」（或文序）和「贈序」，本論文係以「圖書文獻」作爲探討主題，故在此僅針對「書序」（或文序）作說明。至於「書序」和「贈序」之不同，詳見陳必祥，《古代散文文體概論》（臺北：文史哲，1997 年）或其他關於文體的專門論著。

　　蓋「序」者多寫學術淵源及源流，往往又必須肩負起介紹書籍、文章之內容梗概的責任，偶而也需要針對內容稍加評論，但要完成上述無論是哪一項工作，皆須先對於該書籍、文章的內容有所瞭解；而要瞭解書籍、文章之內容前，往往也需要對該方面學科領域有著一定程度的認識，否則不容易在短短數言之間，便能射中該書籍、文章內容的核心精神或意義。換言之，「序」若只是泛泛空談，無法確實一擊即中關鍵要旨，則非一篇成功或具有價值的「序」文。因此，林紓有云：

> 書序最難工，人不能奄有眾長。以書求序者，各有專家之學。譬如長於經者，請序史學，長於史者，請序經學。惟既名為文家，又不能拒人之請，故宜平時博覽，運以精思。求序之書，尤必加以詳閱；果能得其精處，出數語中其要害，則求者必饜心而去。王介甫序經義甚精，曾子固為目錄之序至有條理，歐陽永叔長於序詩文集。此外政書奏議一門，多官中文字，尤不易序。能者為之，不能者謝去，不可強也。〔註3〕

若是為自己的著作立「序」，自己勢必對於該類學科領域有一定程度的研究和關注，故立「序」並非困難之事；但若是為他人著作立「序」，而本身卻對於該著作內容所涉及的相關學科領域，毫無半點認識或根本不曾涉獵，則一時間恐怕也難成一篇確實言之有物的「序」文。而林紓看待作「序」一事，所採用的基本觀點與曹丕《典論・論文》云：「文非一體，鮮能備善」的概念頗有相似之處，知道幾乎不會有人能夠完全通曉各類學科領域，必然有各自擅長的專門之學；故宜「平時博覽，運以精思」開拓本身的學術視野，莫侷限於本身的專門之學，除此之外，當他人來求作「序」文時，亦需衡量本身的能力，而不可勉強為之。

（二）跋

　　「跋」者，與「序」實為一類，惟目的、內容性質和「序」略有差異。徐師曾《文體明辨》對於「跋」和「序」的關係，以及「跋」文的寫作要求有作說明，其云：

> 按「題跋」者，簡編之後語也。凡經傳子史詩文圖書之類，前有序引，後有後序，可謂盡矣。其後覽者，或因感而有得，則復撰詞以綴於末簡，而是謂之題跋……其詞考古證今，釋疑訂謬，褒善貶惡，

〔註 3〕同註 1，頁 20～21。

立法垂戒，各有所爲，而專以簡勁爲主，故與序引不同。〔註4〕

一般來說，自宋以降「跋」體出現之後，「序」多置於書籍、文章之首，而「跋」則列於書籍、文章之末，故「跋」亦稱作「書後」、「題後」。與「序」相較，「跋」除了同樣可以有敘事、抒情的功能之外，大抵來說較偏重於寫鑑別、考訂、釋疑……等一類之事，亦或兼有議論評價的功能，舉凡鑑別版本、辨僞校勘、刊刻源流等，皆屬「跋」所載錄之主要範圍。就撰寫型態而言，一般是「序」較爲詳盡，而「跋」則要求簡勁，而之所以二者的型態要求不同，原因至少有二：其一，部分的「跋」，乃屬於爲補充「序」的不足而撰成，故若「序」所言已詳盡，則「跋」可發揮之處相對減少；其二，承上述所言，「跋」多記載鑑別、考訂、釋疑……等一類事，倘若該書或該文在這方面的資訊已先被明確證實，則不必再多費筆墨加以析辨，僅需寥寥數語備錄其相關文獻資料即可。故「跋」以「簡勁」爲要。

一般而言，「跋」所記述的對象並無絕對的限制，但多記載有關鑑別、考訂、釋疑……等事爲主，而其中較難以下筆者，林紓認爲是以「金石」或「古書古畫」爲對象者，其云：

> 至於跋尾，亦分數種。金石之跋最難，必考據精實，方可下筆。其下如古書古畫，亦必考其收藏之家，詳其流派所出，又是一門學問。〔註5〕

爲與本論文主軸切合，姑且不論何以林紓認爲金石之跋「最難」、古書古畫之跋亦屬專門學問，在此我們所要關注的焦點是：按照林紓的說法，清楚的揭示「跋」所記述的對象可以是「書」（林紓謂「古書」），並且內容爲考該書之收藏家，詳述其流派淵源等；反過來說，即以「書」作爲記述對象的文章，可被歸屬爲「跋」類之一種。

綜合上述，筆者藉由林紓的觀點梳理出二項關鍵，可供做本論文以下繼續開展論證的基礎。其一，林紓曾提到「曾子固爲目錄之序至有條理」〔註6〕，其中「目錄之序」儼然意味著「目錄」與「序」之間關連性的存在；其二，論「跋」時明白點出其中之一的對象爲「書」（林紓謂「古書」），亦即以「書」作爲記述對象的文章，不必然是絕對，但可以是「跋」中之一類。換言之，

〔註4〕明・徐師曾，《文章明辨》（香港：太平書局，1965年8月），頁136。
〔註5〕同註1，頁21。
〔註6〕同註1，頁21。

部分與版本學、目錄學相關的文章，俱可被歸屬爲「序跋」類之中；又「序跋」爲屬古典散文之一類，故以記述版本學、目錄學的「序跋」文章，其中的書寫特性便是一項値得探究之議題。

二、提　要

　　清王鳴盛《十七史商榷》云：「目錄之學，學中第一要緊事，必從此問途，方能得其門而入。」〔註7〕張之洞《輶軒語・語學篇・論圖書宜有門徑》云：「氾濫無歸，終身無得；得門而入，事半功倍。……此事宜有師承，然師豈易得？書即師也。今爲諸君指一良師，將《四庫全書總目提要》讀一過，即略知學術門徑矣！」〔註8〕王、張二人皆強調「目錄學」之於治學的重要意義，張氏更特別標擧《四庫全書總目提要》；《四庫全書總目提要》重要貢獻不僅於圖書分類或調其篇目而已，「提要」部分尤其重要。

　　「提要」，或稱「敍錄」、「解題」、「書錄」。「提要」體制之創發乃自漢時劉向，《漢書・藝文志・序》有載此一事，云：

> 成帝時，以書頗散亡，使謁者陳農求遺書於天下。詔光祿大夫劉向校經傳、諸子、詩賦；步兵校尉任宏校兵書；太史令尹咸校數術；侍醫李柱國校方技。每一書已，向輒調其篇目，撮其旨意，錄而奏之。〔註9〕

阮孝緒《七錄・序》亦云：「昔劉向校書，輒爲一錄，論其指歸，辨其訛謬。」〔註10〕可知「提要」體制乃創於劉向，其主要功能意義則按昌彼得所言爲「考述作者的行事，與論析一書的大旨及其得失」；而自劉向《別錄》以降，包含「提要」的目錄體制，即成爲後世撰目錄者多所師法的對象，諸如晁公武《郡齋讀書志》、陳振孫《直齋書錄解題》、清代所編《四庫全書總目提要》……等皆俱著「提要」。按昌彼得釐劉向所撰「提要」之內容義例，云：

> 劉向撰寫敍錄，所立下的義例有三項：一曰介紹著者的生平……並敍述作者的學術淵源及其師承……；第二個義例爲說明著書的原

〔註7〕清・王鳴盛，《十七史商榷》（臺北：廣文書局，1980年）卷一，頁56。
〔註8〕清・張之洞，《張之洞全集・輶軒語》，頁9790。
〔註9〕楊家駱主編，〈漢書・藝文志〉，《新校本漢書并附編二種》（臺北：鼎文書局，1997年），頁1701。
〔註10〕梁・阮孝緒，《七錄・序》，收錄《宋磧砂大藏經・廣弘明集》（臺北：新文豐出版公司，1987年）卷三，頁292。

委，及書的大旨……；第三項義例是評論書的得失……。〔註11〕
後因時代變遷、所需各異，後世諸家著目錄「提要」時，雖仍以劉向之義例
為尊，然據之以上更有所添注，例如加記版本鑑別及遞藏源流，或抄錄書中
序跋，或釋校勘辨偽情形，或載前人手書題識、印記，似此類「提要」者，
多出於明清時期，或被稱為「賞鑑書志」〔註12〕。據劉兆祐《中國目錄學》
考列諸家「提要」載錄內容者，則約莫歸納有七事，如下：（一）考述作者生
平；（二）說解書名之涵義；（三）敘述撰書之旨意及一書之內容；（四）備載
一書之篇目；（五）論說學術之源流；（六）辨別一書之真偽；（七）評論一書
之得失與價值〔註13〕。但無論後世之「提要」載錄內容義例如何，所著重焦
點偏擇情形如何，俱大抵不脫「撮其旨要」、「論其指歸、辨其訛謬」之範
疇，以及「使讀者在未讀其書之先……幫助他們讀其書時可以有進一步的了
解」的精神宗旨。〔註14〕

嚴格來說，現代圖書目錄編纂，因為受到西方「圖書館學」的影響，對
於「提要」的基本概念與義界，尤其是在撰寫體例、焦點、主題和原則方面，
皆與中國古典目錄體制中所謂的「提要」有所區別；又或者「提要」與「摘
要」二者，因概念相近常為混淆使用，實則二者於性質、功能、對象皆有相
異之處〔註15〕。綜觀王國維所撰圖書「提要」，其概念係出於中國古典目錄體
制之內，與西方及現代「圖書館學」對於「提要」（或摘要）的觀念認知，應
該不具有太大的關聯性，故為避免引據冗贅繁雜以致論文焦點模糊、偏離，
以下僅針對中國古典目錄體制中的「提要」作了解與分析。

（一）依「體例」分類

根據范芝熏〈中國古典目錄體制「提要」之研究〉歸納，以「體例」作
為分類標準，「提要」可分為：敘錄體、傳錄體和輯錄體三種。

1. 敘錄體提要

范氏云：

實為學者得以瞭解書籍文獻之內容，而錄釋著者之因，以闡學術之

〔註11〕昌彼得、潘美月，《中國目錄學》，頁42～44。
〔註12〕同註11，頁60～63。
〔註13〕劉兆祐，《中國目錄學》（臺北：五南，2002年3月），頁24～31。
〔註14〕同註11，頁44。
〔註15〕詳見徐瑞香，〈析辨「提要」及其撰寫原則舉隅〉，《書目季刊》第三十八卷第
一期，頁39～54。

　　　　源流，推求事實之得失爲目的，故敍錄介紹作者的生平年代、敍述
　　　　校讎之原委、説明書名含義及著書原委、敍述該書的學術源流、辨
　　　　別書之眞僞及判定書之價値等。〔註16〕

按范氏對於「敍錄體提要」所下的定義，除介紹性及考據性的敍述之外，亦
包含「辨別眞僞」和「判定價値」等具有比評性質的敍述，而這也意味著「敍
錄體提要」具有主觀、評價、推薦和貶抑等多重性質；換句話說，在「提要」
中「撰者」的存在感及份量相當重，亦即撰者的思維邏輯、主觀認定……等
個人特色，皆是影響著「提要」內容取向的重要因素。

　　2. 傳錄體提要

　　相較於「敍錄體提要」來說，「傳錄體提要」的撰者個人特色就削弱許多，
且著錄內容亦不如「敍錄體提要」來得全面，范氏云：

　　　　傳錄體提要即是在著錄圖書之後，不述作者之意，但於每書名之
　　　　下，對撰著之人每立一傳……内容專記撰著人之事蹟，間及文章流
　　　　傳存佚情形以及反映作品的時代背景，此種體例之提要，若與敍
　　　　錄體相比，由於它並非如劉向、劉歆全面揭示圖書之内容，只是於
　　　　書名之下，每立一傳，故與《別錄》、《七略》相比，自是遠不逮
　　　　矣。〔註17〕

可知「傳錄體提要」所主要針對對象爲「作者」而非「作品」本身，即便是
涉及「作品」相關之敍述，亦僅止於流傳存佚、時代背景等，對於該作品並
無更深入性的記述；此外，因爲少有評論或價值判斷的內容，故更爲彰顯「傳
錄體提要」的資料性意義與價值。

　　3. 輯錄體提要

　　范氏以馬端臨《文獻通考》爲例並進一步闡釋，云：

　　　　……元代馬端臨進一步發揚光大，他以輯錄諸家書目所評和其他書
　　　　内有關議論，取材範圍著重在史志目錄和公私藏書目錄的提要……
　　　　正史列傳及各書序跋、筆記、語錄、詩話、文集内的相關資料等，
　　　　之後目錄書作輯佚、考證等工作時皆採用此體。……由於輯錄體係
　　　　廣泛輯錄與一書相關之資料，進以揭示圖書内容和進行評論的一種

─────────────────

〔註16〕范芝薰，〈中國古典目錄體制「提要」之研究〉（臺北：輔仁大學圖書資訊學
　　　　系碩士論文，2006 年），頁 73。
〔註17〕同註 16，頁 74。

體例……。〔註18〕

即「輯錄體提要」的重要價值意義有二，一者為廣泛蒐羅與該書籍相關之資料，另一者為兼具評論及考證之功，此二特點無疑為後世學術研究工作，提供諸多可資參考、引用之文獻；如同「敘錄體提要」，既具備有「評論」性質，則其中必含「撰者之主觀」特性自然不必多作贅言，而就其所輯錄的諸多文獻資源來說，意味著在「資料性」方面的意義與價值實不亞於「傳錄體提要」，甚至較「傳錄體提要」更具廣度和深度。

（二）依「用途」分類

以上為藉「體例」作為分類標準，若改以「用途」作為分類標準，則范氏認為「提要」可分作讀書記、題跋集和私人藏書志三種類型。

1. 讀書記

范氏云：

> 一般均出自學者的讀書札記，由於這些學者致力於學術研究，隨著讀書、考訂而寫成讀書札記，藉以表達個人的心得與見解，經過一定時間的累積，則成為一部具有相當學術水準的目錄學專著……一般而言，讀書札記之解題無陳式、文體自由而不拘一格的體例，不像藏書志那樣篇篇一律格式。〔註19〕

可知此類型「提要」多出於學者之手，即致力於從事學術研究者。這些學者往往讀書多有心得見解，或者對於其中某項議題特別關注且潛心研究，而將這些心得見解、研究成果行諸文字並記於目錄之中，則成「讀書記提要」。又此類型「提要」的撰寫性質多為「隨寫」，格式、體例均無一定，內容亦無絕對性的要求，全依撰者個人意志撰寫而成，是以論述面向有廣有狹、有深有淺；此外，因為多屬學術研究型的讀書札記，其中內容自然與撰者本身的學術觀點、研究能力息息相關，換言之，即撰者的個人風格、特色較為凸顯。

2. 題跋集

范氏云：

> 題跋是鑑賞校讀金石書畫和古書版本的隨筆札記，隨趣而志，意到即就，寥寥數語，通部會歸。……題跋雖無目錄之名，確有目錄之

〔註18〕同註16，頁74～75。
〔註19〕同註16，頁83。

實，因為題跋的對象是圖書及其他文獻，具有揭示圖書外形特徵和
內容梗概的作用，因此輯錄零散單篇而成的題跋集也就基本具備了
目錄的性質。〔註20〕

按范氏所言「題跋集」為將多篇「題跋」輯錄所成的集子，而其關鍵即為「題
跋」。大抵來說，「題跋」的撰寫性質與「讀書記提要」類似，均屬不拘格套、
體例的「隨寫」性質。而兩者的差別，主要在於「讀書記提要」可論述層面
較廣，撰者閱讀書籍內容的心得見解皆得闡發；而「題跋」乃以書籍的版型
樣式、版本源流等為主要焦點議題，至於書籍內容則僅作概要性描述，亦較
少見撰者闡發本身的閱讀心得和見解。簡單來說，「題跋」與「讀書記」最大
不同之處，即「讀書記」所論述範圍可以是內外兼備，而「題跋」則是以書
籍、文獻的外在形象作為主要論述核心。

3. 私人藏書志

范氏云：

「藏書志」實際上是一種題跋與書目二合為一的文體，也是自清初
以來書目著錄和題跋雙重發展的一種結合。……「藏書志」目錄
體制是經由幾代目錄學家，從事目錄工作實踐和經驗累積的結果，
也是清代目錄學迅速發展到一定階段的成果與趨於成熟完美的標
幟。〔註21〕

明清之際，「私家藏書」發展趨於高峰，編撰「藏書志」的風氣一時蔚為潮
流，許多藏書家會為其藏書進行編目，更甚者在書目之後又撰有「提要」，而
該「提要」內容多有記載版型樣式、版本源流，與上述「題跋」概念相似，
故范氏才會認為『藏書志』實際上是一種題跋與書目二合為一的文體」。事
實上，「藏書志」發展到後期，其「提要」所載錄之內容亦不僅止於對於書
籍、文獻版本的考釋，甚至可能有包含校勘過程、遞藏情形、賞鑑要素，又
或者會收錄該書前人之序跋等，總之不以闡釋書的內容為撰「提要」之主
旨。而相較於「讀書記」和「題跋集」而言，因為「藏書志」往往會有既定
編撰計畫的安排，不如撰寫「讀書記」和「題跋」來得恣意隨性，故較不具
「隨寫」性質；換言之，「藏書志提要」的撰寫，泰半會有一定的格式、體例，
論述面向亦會有所侷限，乃因各藏書家（編撰者）的取向、喜好或專長不同，

〔註20〕同註16，頁84。
〔註21〕同註16，頁86。

故而使各「藏書志提要」所側重焦點有所相異。

承上言，進一步說明「提要」有兼容「序跋」及「雜記」二類特性的關鍵因素。按林紓為各類「文章」所作的義界來看，首先是「序跋類」。上述有說到「提要」又稱為「敘錄」，陳必詳《古代散文文體概論・序跋體散文》言：

> 「序」的名稱，有的稱「序錄」或「序略」。此體發軔於西漢劉向父子。劉向校書天祿閣，每上一書，撮其大要及其得失所在，名曰《敘錄》。其子（劉歆）繼劉向任校綜合群書，區分為《七略》，「略」即撮舉大意，後世便有「序略」之名。〔註22〕

依許慎《說文解字》載「序」、「敘」二字可通用〔註23〕，故知陳必祥所言「序錄」即為「敘錄」，而「敘錄」又與「提要」同。反推此邏輯脈絡，則知「提要」若歸於「序跋類」之屬，亦無不妥之處。

其次以「雜記類」而言，林紓評《古文辭類纂》云：「……記書畫、記古器物，又別為一類……綜名為記，而體例實非一。」〔註24〕按其所言，即有以「記」為名者，皆可歸入「雜記類」之列；故此，「提要」中的「讀書記」一類，亦當可視為「雜記類」之文章。林紓又云：「書畫古器物之記，務尚考訂，體近於跋尾。」〔註25〕而王國維所撰《傳書堂藏善本書志》中所記「提要」，亦多有重於考訂之作，與林紓所謂「雜記類」之性質並無不符，故將「提要」歸於「雜記」一類，亦未見有不可之處。

綜觀王國維圖書版本、目錄學著作的內容型式，大抵可分作兩類。其一，即「序」或「跋」之類，以其《觀堂集林》所收錄篇章為例，例如有：〈覆五代刊本爾雅跋〉、〈宋越州本禮記正義跋〉、〈殘宋本三國志跋〉、〈兩浙古刊本考序〉……等，皆屬此類文章。其二，為「提要」者，如《傳書堂藏善本書志》、《五代兩宋監本考》、《兩浙古刊本考》及《庚辛之間讀書記》等四者，依照范芝薰所提出的標準作分類，則四書之「提要體例」有「敘錄體提要」和「輯錄體提要」二類，而「用途」則為「讀書記」和「藏書

〔註22〕陳必祥，《古代散文文體概論》（臺北：文史哲出版社，1987年），頁157。

〔註23〕許慎，《說文解字》「敘」字記云：「序，緒也。古或假『序』為之。」又「序」字記云：「經傳多假『序』為『敘』……序，緒也。」故知「序」、「緒」二字可通用。

〔註24〕同註1，頁23。

〔註25〕同註1。

志」二者。

第二節　敍述結構

　　經由上述對於王國維圖書版本、目錄學著作的耙梳，知其該類作品的內容型式以「序跋」及「提要」爲主。而「序跋」和「提要」體例、內容雖然近似，但其中的目的性或側重焦點，還是有著些微的區別。以下即針對王國維圖書版本、目錄學相關的「序跋」和「提要」，分別探討其中的敍述內容及鋪排結構。

一、序　跋

　　通過上節的敍述，知「序跋」雖常被合爲一詞使用，然實爲單獨個體，分爲「序」和「跋」二者。而就王國維圖書版本、目錄學的「序」、「跋」來看，確實各自所敍述內容及側重焦點皆不相同，故筆者以爲仍須將王國維圖書版本、目錄學的「序」和「跋」分開說明，以免造成觀念上的混淆與誤解。

（一）序

　　王國維所撰之「序」不少，而與版本、目錄學相關者，筆者今擇二篇藉以觀察其中所載錄之內容，分別爲〈兩浙古刊本考序〉及〈傳書堂藏善本書志序〉二文。

　　事實上，二「序」的敍述對象全然不同，所涉及的「時空」範圍和跨度亦有相當大的差異。〈兩浙古刊本考序〉所涉及的地域範圍包含「兩浙地區」，相對來說屬於較大範圍的「空間」敍述，「時間」的敍述亦自唐、宋開始；反觀〈傳書堂藏善本書志序〉的對象爲當代私家藏書，是以單一個案作爲敍述對象，故無論是「時間」或是「空間」的範圍和跨度，皆較〈兩浙古刊本考序〉爲小。據筆者觀察〈兩浙古刊本考序〉及〈傳書堂藏善本書志序〉的敍述結構，大抵可劃分爲三個階段作探討，分別是「述其開端」、「明其過程」及「總抒己見」。

　　首先是「述其開端」。所謂「書序」者，撤除一般泛泛的介紹或讚揚式的部分，主要目的大抵不脫「總述該書要旨」、「闡明撰書因由」或「考釋學術源流」三項；而無論是何者，在進入主要論述之前，皆須先對所要論述對象

的源頭、開端略作說明，使讀者能夠更輕易地理解該「序」所要論述的主題和對象。以〈兩浙古刊本考序〉爲例，王國維云：

> 雕板之興，遠在唐代。其初見於記載者，吳蜀也，而吾浙爲尤先……
>
> 而作書鬻賣，自非雕板不可，則唐之中葉，吾浙已有刊本矣！〔註26〕

〈兩浙古刊本考序〉通篇旨在說明自唐、宋以來，「兩浙地區」書籍刊刻的情形，王國維則先述雕板刊本之起源時間，按中國有雕板刊印之始當推於唐代，故云：「雕板之興，遠在唐代。」按記載雕板刊本發源處爲吳、蜀二地，其中王國維認爲「吳」中的兩浙一帶尤爲最早，其進程提出證據說明何以認爲「兩浙」一帶爲雕板刊本之始；其從「市場交易文化」的角度，推估在唐代中葉時，因市場上已有「作書鬻賣」的交易行爲出現，而就成本考量，應是當時「兩浙」一帶已具有雕板刊本的技術，大大降低了販售成本，否則豈有人願作毫無利潤可圖的生意。故其認爲「兩浙」一帶於唐代中葉時，即有雕板刊本之技術，較其他地區尤先。王國維以此說作爲開端，等於是強而有力地凸顯「浙刻本」的傳統地位，似乎也爲後續對於「浙刻本」品質精良及發展情形的論述，提供了穩固的基礎平台。

再以〈傳書堂藏善本書志序〉爲例，王國維云：

> 烏程蔣孟蘋學部落其藏書之室，言之曰「傳書堂」。蓋其先德書箴先生書室之舊額也。……先生悉推家產於諸昆弟，而讀取書籍二十簏，名其所居曰「傳書之堂」。〔註27〕

《傳書堂藏善本書志》係爲王國維根據蔣汝藻（孟蘋）「傳書堂」（密韻樓）的藏書所編纂的目錄藏書志，而蔣汝藻藏書「傳書堂」的藏書事業，其源可溯於其祖父一輩；此外，「傳書堂」之名並非蔣汝藻所取，實與其父、祖輩的期望有相關連，而蔣汝藻本身乃爲「傳書堂」取有別名謂「密韻樓」〔註28〕。而王國維所撰寫的〈傳書堂藏善本書志序〉中，開頭即先闡明「傳書堂」一名的由來，亦同時透露出蔣汝藻「傳書堂」的藏書，恐怕非全由蔣汝藻一人之力所蒐羅，乃是於其父、祖輩時便有在經營藏書事業。而王國維這樣的說法，無疑也爲後續說明蔣汝藻何以會從事藏書事業，以及彰顯蔣汝藻爲復興祖業，勤力蒐集先祖遺書之事，在此預先埋下了伏筆。

〔註26〕 王國維，〈兩浙古刊本考序〉，《海寧王靜安先生遺書・觀堂集林》，頁1033。

〔註27〕 王國維，〈傳書堂藏善本書志序〉，《傳書堂藏善本書志・一》，不著頁數。

〔註28〕 蔣氏「傳書堂」藏書及名稱的傳承關係，可參見本論文第二章〈王國維生平及其時代背景・王國維交遊〉。

　　蓋二「序」因針對對象有所不同，故「述其開端」的方式、焦點自有所異，然俱已達到「說明起源」及「文章破題」的重要目的。〈兩浙古刊本考序〉開篇謂「雕板之興」，即表明本「序」主軸爲「雕板」；又〈傳書堂藏善本書志序〉開篇謂「烏程蔣孟蘋學部落其藏書之室」，即表明本「序」的針對對象爲蔣汝藻的藏書室「傳書堂」。即此，故筆者認爲二「序」於此階段，「說明起源」及「文章破題」兩項重要目的俱已完成。

　　其次是「明其過程」。文章既有了開頭，卻無進一步的論述，則讀者亦不知所謂何事、何物；而以《兩浙古刊本考》及《傳書堂藏善本書志》爲例，二書內容所涉及的對象俱含有一種歷時性的發展意義，故王國維撰「序」時，選擇以此歷時性的發展意義作爲重要論述環節，並且是以鳥瞰式的視角、概略性的敘述方式撰寫。因此，二「序」的論述往往點到即止，未見有更精細的考證或詳盡的闡釋；但畢竟「序」本來就不是單以論證或議論爲主要目的，其中亦含有敘事、敘物的成分。故王國維撰此二「序」雖是採取「夾敘夾議」的書寫策略，但更詳細的考證及闡釋，在「序」中並沒有、也不能一次道盡，而是作「點到即止」的概略性敘述，其他的則留於《兩浙古刊本考》及《傳書堂藏善本書志》二書主要內容中，再作更爲完整而詳盡的論述。

　　循此概念，我們進一步探討王國維在〈兩浙古刊本考序〉及〈傳書堂藏善本書志序〉中，是如何敘述「兩浙」地區雕板刊本的發展歷程，以及「傳書堂」藏書的過程始末。王國維在〈兩浙古刊本考序〉中，云：

> 《冊府元龜》載後唐長興中馮道、李愚奏云：「嘗見吳蜀之人，鬻印板文字，色類繁多」則五季之頃，其行轉盛。及宋有天下，南并吳越，嗣後國子監刊書，若七經正義……皆下杭州鏤板。北宋監本刊於杭者，殆居泰半。南渡以後，臨安爲行都，冑監在焉，書板之所萃集……若《國朝文類》，亦皆於杭州刊刻，蓋良工之所萃，故鏤板必於是也。至私家刊刻，在北宋時以亙四部。而宋季臨安書肆，若陳氏父子偏刊唐宋人詩集……元初刊西夏字《全藏》，亦於杭州開局。〔註29〕

王國維引述《冊府元龜》中關於後唐長興年間，馮道、李愚的一則奏書作爲資料根據，證明後唐時於吳、蜀二地確實已有雕板刊本的出現，並且有著「市

〔註29〕同註26，頁 1034。

場交易」的行為產生；因此，王國維認為這條訊息意味著在五代之時，雕板印刷的技術應該已經發展到了某種程度，並且刊本已於市場有普遍流通的情形發生。次者，王國維又針對兩宋時期的雕板刊本發展情形略作說明，強調此時雕板製作多出於杭州（即「兩浙」地區），於此所舉例證以官刻本為主。再次，其舉元代官書、私書的刊刻雕板亦皆出於杭州。即此，王國維進一部作總結說明，何以自宋以降，許多官刻本的雕板皆出於杭州，蓋其原因為杭州地區的刻工較其他地區來得精良，所以才會都匯集於此刊刻雕板。此外，王國維亦舉私刻諸例，證明杭州地區不僅有作官刻雕板，其私刻風氣在此地亦同樣盛行。

再有〈傳書堂藏善本書志序〉，王國維云：

> ……孟蘋即先生長子也，幼傳家學，能辨古書真偽，自官京師、客
> 海上，其足跡率在南北大都會……貴陽陳氏之藏，流出者多歸之；
> 其於先世遺籍，求之尤勤……故孟蘋所得先世遺書，雖經兵火轉徙
> 之後，尚不下百種；然，以視其所自蒐集者，劣足當其百分之一，
> 故取先人舊額以「傳書」名其堂。余謂為「子孫者如孟蘋，始可謂
> 之能傳書矣！」……而孟蘋與其同里張石銘觀察、劉翰怡京卿崛起
> 喪亂之際，旁蒐遠紹，蔚為大家。〔註30〕

王國維首先點出了蔣汝藻之所以會致力經營藏書事業，與其家學淵源多有相關。而在蔣汝藻之前的蔣氏家族藏書聚散情形，大抵已在「述其開端」的階段便有提到；至於蔣汝藻走遍大江南北，廣蒐先世遺書及其他名家散出藏書一事，其中的蒐集過程即為本階段的主要敘述焦點。此外，蔣汝藻致力收回先世散佚之藏書一事，王國維對此深感欽佩，故謂：「子孫者如孟蘋，始可謂之能傳書矣！」大大讚揚蔣汝藻之精神。

與「述其開端」階段一樣，在「明其過程」的階段中，王國維的敘述亦為「點到即止」，並沒有更深刻的推論或考證，但也絕非如流水帳般的泛泛記述。必須在短短數言間，將「兩浙」地區雕板刊本的發展情形，以及蔣汝藻對於「傳書堂」藏書事業的貢獻詳實道出，文中不僅少見字句重複，辭意亦屬暢達，故王國維對於文辭章句之掌握能力昭然若揭。

最後是「總抒己見」。經過「述其開端」、「明其過程」的階段，王國維必須為其於前面二階段的敘述作個總結；因此，在「序」的最後一個階段中，

〔註30〕同註27，不著頁數。

王國維係以個人的見解、感想，作爲總結全文的重要元素。王國維於〈兩浙古刊本考序〉云：

> 自古刊本之盛，未有如吾浙者；閩蜀二方，方之褊矣！……今最錄世有傳本及見於記載者，爲兩浙古刊本考，分郡羅列，釐爲二卷；雖可考見者，十不得四五，然大略可覩矣！〔註31〕

上述曾提到王國維撰此二「序」，敘述往往「點到即止」而無太多的推論及考證，但在最後總結階段，王國維係以用最直接、最肯定的語氣，充分表達了其個人的見解，其謂：「自古刊本之盛，未有如吾浙者；閩蜀二方，方之褊矣！」此言大有「浙本」地位高於「閩本」、「蜀本」之評價意味。此外，由於該「序」爲「書序」，故王國維亦於文末簡述該書體例及功用特色。

又如〈傳書堂藏善本書志序〉，王國維云：

> ……然當是有力如三家者無慮百數，而三家獨以藏書名，則不以石林直齋諸先哲遺風……而今有張、劉諸家、茹古精舍、求是齋之書十不存一，而今有孟蘋。然則蔣氏三世之精神、風尚，雖傳之百世可也……余既登孟蘋之堂而覽其書，樂其蒐討之勤而又能到其先人之美也，故書而著之，禆後世知所自焉。〔註32〕

於此，王國維以自身見蔣汝藻「傳書堂」藏書所得之感想，作爲本「序」之總結。除了再次讚揚蔣汝藻的藏書精神和事蹟，同時亦說明了蔣汝藻之所以能夠使自己深受感動的重要關鍵，即「樂其蒐討之勤而又能到其先人之美也」，故特以書之，期能將此精神告知予後世。

在「述其開端」及「明其過程」的階段，王國維大抵是以「敘事」爲主；而在最後「總抒己見」的階段，文辭間不時可見王國維個人的見解、感想流露於其中。雖然，其中部分見解因論證力道不強，筆者以爲仍有可再商榷之處，但畢竟「論證」並非「序」之主要作用，所以也就不必刻意強求要有詳細的論證過程。就二「序」的書寫策略來說，大抵是以「夾敘夾議」的方式呈現，如此一來不僅增加了閱讀的趣味性，不至像是「資料性」的流水帳記錄，讀來毫無生趣可言；另一方面，對於王國維的治學態度及觀點，無疑爲後世研究者提供了重要線索，例如藉〈傳書堂藏善本書志序〉瞭解王國維對於藏書事業的態度，或者偏好的經營模式。

〔註31〕同註26，頁1034～1035。
〔註32〕同註27，不著頁數。

（二）跋

王國維所撰圖書版本、目錄學相關的「跋」，多側重於記述鑑別、考訂、釋疑……等一類之事，對於作品內容所揭示的意義或精神，則不在其所撰的「跋」的主要論題之內。而針對王國維所撰有關圖書版本、目錄學的「跋」的敘述結構，筆者選擇以收錄於《觀堂集林》及《觀堂別集》中的部分篇章為主，嘗試進行綜合性的討論。

王國維有關於版本學、目錄學的「跋」，就「敘述內容」及「鋪排結構」而言，兩者間略有不同。以〈宋刊本爾雅疏跋〉為例，乃王國維自蔣汝藻「傳書堂」中所見舊藏；文中王國維首先記載該版本的行款格式、遞藏來源，並提供該版本的相關資料查尋線索，其言：「烏程蔣氏藏宋刊《爾雅疏》十卷，每半葉十五行，行三十字，明文淵閣舊藏，即吾鄉陳仲魚先生經籍跋文中所著錄者也。」〔註 33〕指出關於該書（指「宋刊本」《爾雅疏》）的部分訊息、資料，於陳仲魚所撰的題跋文中有所記載。其次，列舉與該《爾雅疏》同為「宋刊單疏本」的其他諸經，並且詳細記載存藏情形，其云：「案宋刊諸經單疏存於今日者，臨清徐氏有《周易正義》、日本楓山官庫有《尚書正義》……。」〔註 34〕又藉細考諸經的「單疏本」行款，得知各種「單疏本」版式的所屬時代，如其云：「……是五代刊九經皆用大字，宋初刊經書用小字，皆仍唐人卷子舊式也……。」〔註 35〕再次，憑其本身於版本學方面的專業知識，提出諸點關鍵線索並作詳細說明，成為考辨該書（指「宋刊本」《爾雅疏》）版本的重要證據。最後，王國維的關注焦點不再僅限於「宋刊本」《爾雅疏》之上，而是擴大論述範圍，探討諸經「單疏本」及「註疏本」的流傳、發展情形，同時亦為本「跋」作了一個總結性的論述。

整體來說，〈宋刊本爾雅疏跋〉按王國維的敘述內容及鋪排結構，大抵可分為四個部分：首先，明確記載所見書籍之版式、行款；次者，以所見書籍與其他相關之書籍互作比勘；再次，藉版本學專業知識考辨所見書籍之版本；最後，於某版本學議題上提出自己的見解，並且總結全文。故綜觀王國維〈宋刊本爾雅疏跋〉的書寫策略，大抵為「由小至大」，即由「點」（載該書版式、行款）至「線」（與他書比勘，考辨版本過程），再由「線」

〔註 33〕王國維，〈宋刊本爾雅疏跋〉，《海寧王靜安先生遺書・觀堂集林》，頁 1024。
〔註 34〕同註 33，頁 1024。
〔註 35〕同註 33，頁 1025。

至「面」（提出己見，總結全文）。而除了〈宋刊本爾雅疏跋〉之外，王國維
尚撰有多篇與版本學相關之「跋」，如：〈覆五代刊本爾雅跋〉、〈宋越州本
禮記正義跋〉、〈殘宋本三國志跋〉⋯⋯等，其中的「敘述結構」，可能多少會
受到客觀條件的不同而略有所異，但大致來說與〈宋刊本爾雅疏跋〉相去
不遠。

　　除「版本學」之外，王國維所撰之「跋」尚有與「目錄學」相關者。以
〈明內閣藏書目錄跋〉為例，此「跋」文分二段。首段以《內閣藏書目錄》
與《文淵閣書目》相互比校，知二目錄記載之差異，進而析論造成二者差異
的原因〔註36〕；第二段則述王國維親自比校二目錄之後，發現有部分藏書並
未列入《內閣藏書目錄》中，其舉出數例以證明己說，最後王國維推論所見
該《內閣藏書目錄》的記載內容不全，與實際藏書的情形有所出入，故謂：
「⋯⋯足徵此目未備矣！」〔註37〕而就「敘述結構」分析〈明內閣藏書目錄
跋〉，二段似乎是「若即若離」的；即二段看似論述主題或對象相同，同為《內
閣藏書目錄》與《文淵閣書目》相比校，但論題焦點卻大不相同。首段係以
探究藏書亡佚之原因，而第二段則是證明《內閣藏書目錄》記載不全；簡單
來說，即第一段與邏輯辯證中「演繹法」的概念相似，而第二段則與「歸納
法」相似。

　　透過上述的討論，我們大抵瞭解到王國維所撰與版本、目錄學相關的
「跋」，相較於「序」而言，二者因為關注的焦點不同，因此呈現出的「敘述
結構」自然有所相異，但皆非以書籍內容所揭示的精神或意義作為主要論題
焦點，而是提供讀者更多於書籍內容以外的相關資訊和研究線索。

二、提　要

　　按照范芝熏〈中國古典目錄體制「提要」之研究〉中，關於「提要」的
分類概念，王國維所撰的「提要」大抵可分為「讀書記」和「藏書志」二種，
而實際作品有《庚辛之間讀書記》、《五代兩宋監本考》、《兩浙古刊本考》及
《傳書堂藏善本書志》。其中《兩浙古刊本考》及《五代兩宋監本考》，雖書
名並無明確指出是「讀書記」或「藏書志」，然察其內容、體例，實與「藏書
志提要」相似，故筆者以為可歸為「藏書志」一類合併討論。

〔註36〕另見本論文第四章〈王國維圖書版本、目錄學〉。
〔註37〕王國維，〈明內閣藏書目錄跋〉，《海寧王靜安先生遺書・觀堂別集》，頁1346。

（一）讀書記

以《庚辛之間讀書記》中〈誠齋揮塵錄〉一文爲例。蓋〈誠齋揮塵錄〉一文，係藉考據篇章異同、著錄內容和《四庫全書提要》、《直齋書錄解題》的記載，證明「百川學海本」《揮塵錄》即爲王明清所撰《揮塵錄》的初稿本，而非楊萬里所撰。

按〈誠齋揮塵錄〉文分三段。首段先列《四庫全書提要》對於《百川學海》中所收《揮塵錄》一書作者的說法提出質疑，認爲《四庫全書提要》的說法有誤。王國維云：「……余爲此書似即《揮塵前錄》之初槁，其題「誠齋」撰固誤，然謂摘鈔爲之，則不盡然。」〔註 38〕再藉由《直齋書錄解題》中，收錄《揮塵前錄》一條作爲重要引據，提出另一個不同於《四庫全書提要》的看法，其謂：

> ……則《前錄》脫稿後即有刊本，其爲二卷、三卷、四卷，雖不可
> 知，然鏤板必遠在紹熙以前……而此本爲「初刊本」，其後「四卷本」
> 行世，而此本希見，售僞者遂改題爲「萬里」歟？〔註39〕

王國維依《揮塵錄》「跋」之說法，配合《直齋書錄解題》中的記載，推論該本《揮塵錄》大致的刊刻年代，進而認爲因該本《揮塵錄》爲希見罕本，故也有可能是以販賣僞書爲生者，爲求牟利而將《揮塵錄》的作者刻意改爲「楊萬里」，但實際上《揮塵錄》的作者當爲「王明清」。

次段，王國維乃就《揮塵錄》一書中，針對王明清所提出的諸多說法，作出質疑和批評。如王國維云：

> ……明清當是見北齊有文宣帝諡號偶合而誤記耳。溯是而上，又有
> 元魏文明馮后亦葬永固，蓋在叱奴之前。而明清不知援證，其誤又
> 可見。愚案珂（岳珂）說是矣！……明清殆以其父得罪秦氏爲榮，
> 故爲此說……此語殆爲實錄，然邵說苟行則亦不必爲此曲說，明清
> 亦知己說不實，故刪此詆毀之語歟？〔註40〕

姑且不論王國維所言是否亦合與事實，但已足見王國維條駁他人之說的強勁力道。末段，乃王國維爲全文作出結論，其云：

> 觀此一條，則此書殆明清初稿而誤題誠齋之名，非從《揮塵前錄》

〔註38〕 王國維，〈誠齋揮塵錄〉，《海寧王靜安先生遺書·庚辛之間讀書記》，頁 1448。
〔註39〕 同註 38，頁 1448～1449。
〔註40〕 同註 38，頁 1449～1451。

四卷中摘出爲之者。獨怪左禹錫生于宋末，去誠齋仲言時代未遠，

乃不能辨別，遂使誠齋以王銍爲父，以曾紆爲外祖，貽千載笑柄

也！〔註41〕

王國維於此段乃總結全文之說法，不僅爲其所見該版本的《揮麈錄》之作者正名，確認作者當爲「王明清」而非「楊萬里」，實爲左圭編《百川學海》所誤植；另一方面，亦針對《四庫全書提要》所提出的「摘出」一說加以否定，確認爲「初稿本」而非「摘錄本」。

即此，我們大抵可歸納出王國維「讀書記」的「敘述結構」情形，以〈誠齋揮麈錄〉一文爲例，蓋分爲「提出問題」、「考據論證」及「總結全文」三個部分；其他如〈續墨客揮犀〉、〈尊前集〉之「敘述結構」，亦與此例大致相同。

（二）藏書志提要

依王國維「藏書志提要」所記載的內容作初步的分類，可分爲「純粹資料性」和「兼具資料性、文學性」二類。在此，所謂「純粹資料性提要」係指單純提供該書籍的相關客觀資料者，如：著者、書籍卷數、行款格式、藏書家印記、所屬版本及書前書後的篇名等，即爲僅記載王國維所見該書的「第一手資料」的「提要」。以《傳書堂藏善本書志》記載《爾雅註疏》一條爲例，王國維記曰：

《爾雅註疏》十一卷　元刊明修本

郭璞注　邢昺疏

〈爾雅注疏序〉

每半葉九行：大字二十字，小字二十二字，有「王元讓印」、「存谿」、「王元讓存谿印」三印。〔註42〕

又如載《廣韻》的其中一條，記曰：

《廣韻》五卷　明內府刊本

陳州同馬孫愐唐韻序　玉篇廣韻指南

此明內府翻元圓沙書院本，有「鮑氏觀古閣藏」、「曾在鮑子年處」

〔註41〕同註38，頁1451。

〔註42〕王國維，《傳書堂藏善本書志・一》，頁72。

諸印。〔註43〕

從上述二例來看，「提要」所載內容爲「書籍」本身即能提供的「第一手資料」，並無詳細的考據過程或其他較完整的論述，故較難從中觀察出王國維撰文的思維脈絡。

而於上述「資料性」的記載之外，王國維另撰有更詳細的考據過程或較完整的論述，並且其中可以清楚觀察到撰者的思維脈絡及書寫策略，即爲筆者所謂的「兼具資料性、文學性的提要」。這類兼具二種性質的「提要」，多見於《五代兩宋監本考》、《兩浙古刊本考》及《傳書堂藏善本書志》中；不過，由於《五代兩宋監本考》及《兩浙古刊本考》記述內容的目的對象與《傳書堂藏善本書志》略有不同，故所呈現出的「敘述結構」自然也會有些差異。蓋《五代兩宋監本考》及《兩浙古刊本考》皆以考證版刻源流爲首要之務，而所倚靠的並非是「第一手」的資料文獻，乃是以前人的論著爲底，在基礎上進一步發展獨到的見解，其所引用的資料文獻，如有：李燾《續資治通鑑》、王應麟《玉海》、陳振孫《直齋書錄解題》……等；換言之，即作爲考證對象的「書籍」原本，王國維未必有親眼見得。但《傳書堂藏善本書志》則是王國維應蔣汝藻之邀，爲其「傳書堂」藏書所編纂的一部藏書志，故《傳書堂藏善本書志》所記載的各「書籍」，應皆爲王國維親眼所見的「書籍」，亦即爲「第一手」的資料文獻。簡單來說，從王國維的角度來看，即《五代兩宋監本考》及《兩浙古刊本考》所記述的目的對象，多數至少爲「第二手」以上的資料文獻，而《傳書堂藏善本書志》的目的對象則是「第一手」的資料文獻。

在釐清《五代兩宋監本考》、《兩浙古刊本考》及《傳書堂藏善本書志》所記述的目的對象之後，我們將進一步探討其中「提要」的「敘述結構」。

1.《五代兩宋監本考》

以記《後漢書》一條爲例，王國維除引《容齋續筆》之說外，其亦云：

> 案淮南漕司所刊《史記》，明時版在南監，今尚有印本流傳。每半頁九行，行十九字，即元《西湖書院書目》、明《南雍志》所著錄之大字《史記》也。世又有《漢書》、《後漢書》大字殘本，行款亦相同，亦即江東兩淮漕司分刊之本。宋南渡初，監本皆令州郡分刊，則此亦即南宋監本也。〔註44〕

〔註43〕同註42，不著頁數。

〔註44〕王國維，《海寧王靜安先生遺書·五代兩宋監本考》（下），頁4281。

王國維首先考察南監大字本《史記》的行款格式，再與該《後漢書》相較，確認二者刊刻係屬同源，但爲「分刊之本」；最後，王國維補充說明南宋初期，確實有將「監本」作爲底本，分派給不同州郡刊刻一事。按其「敘述結構」可分爲二部分：其一，藉他本已知之考證結果，推斷此本的版本，而此可視爲考證過程的敘述；其二，補充說明，強化論證的可信度。

2.《兩浙古刊本考》

以記《通典》一條爲例，王國維云：

> 每半葉十五行，行二十八字，卷一百五、一百六、一百八、一百九末均有「鹽官縣雕」四字，北宋諱皆闕筆，而高宗諱「構」字未闕，乃刊於南北宋之交。其題「鹽官縣雕」，殆亦杭州官書各縣分雕者也。〔註45〕

首先記載該《通典》的客觀表徵，包括行款格式和刊刻出處；再次，藉避諱闕筆之字，推論刊刻的時間點應爲南北宋之間的過渡時期；又進一步自書中所題「鹽官縣雕」四字，推論該《通典》所據刊刻底本，應是當時杭州一帶的官刻本。從王國維的這段敘述來看，其「敘述結構」大抵劃分爲二部分：一是針對「書籍」所直接透露出的訊息，即客觀表徵進行描述；二爲藉這些客觀表徵爲基礎，推論該《通典》的版刻時、地，此部分即爲王國維的考據、論證過程。

3.《傳書堂藏善本書志》

以《傳書堂藏善本書志‧一》記載「宋刊宋印本」《龍龕手鑑殘本》一條爲例。王國維「提要」開篇記云：「存卷二，闕『卷一』、『卷三』、『卷四』三卷。每半葉十行，每行大小字相錯，字數不等。卷前有子目，與正文相連。」〔註46〕首先對於該「書籍」的客觀表徵作說明，包含存闕卷數、行款格式、字體大小等。又云：「宋諱多不闕筆，蓋從遼本翻刊……三『桓』字皆闕末筆，蓋由刻工習省一二筆，故與全書不同，可正此本乃宋代翻刻。逮本且避及『桓』字，知在南渡以後矣！」〔註47〕王國維以「避諱字」作爲鑑別此本爲南宋刊本的重要關鍵之一。王國維再云：

> 然字體方健古朴雅近北宋，又紙色如玉、墨光如漆，實爲南渡初精

〔註45〕王國維，《海寧王靜安先生遺書‧兩浙古刊本考》，頁4311～4312。
〔註46〕同註42，不著頁數。
〔註47〕同註42，不著頁數。

　　絕之刻；板心所記刻工，姓名有徐彥、朱禮二人與紹興十九年明州

所刊《徐公文集》同，當係同時明州所刊。〔註48〕

藉由辨別字體、紙質、墨色，斷言爲南宋初期之精品絕刻，次者再以此本板
心所記載之刻工姓名爲證，確認實爲南宋紹興年間所刊刻的版本。後再取他
人所藏之版本相互比校，除文字訛誤之外，亦以避諱闕筆、字體賞鑑作爲比
校關鍵，得知各版本之間的先後關係，記云：

江安傅氏藏宋刊全書，余從之借校，知傅本實重刊此本。凡傅本誤
字，此本多不誤……知尚刊於此本之後，其書不避宋諱……或闕筆
與此本同，而字體精勁遠遜此本，疑即從此本覆刊。常熟瞿氏所藏
宋刻毛鈔補本，亦與傅本同。〔註49〕

考知傅氏所藏《龍龕手鑑》，應該是以此本作爲覆刊之底本，故此本當先出於
傅氏藏本，而瞿氏藏亦在此本之後出。藉此，王國維爲這些考證說法作出
結論，謂：「此本雖不全，恐爲宇內最古之本矣！」〔註50〕認爲此「傳書堂」
所收藏的《龍龕手鑑殘本》，當爲最早之版本。最後，王國維亦有記錄該書中
的藏書印記，以利知該書的存藏源流。

　　綜觀王國維撰《龍龕手鑑殘本》之「提要」，其「敘述結構」大抵可分爲
五個部分。第一部份，記載卷數、行款格式等「書籍」的客觀表徵；第二部
分，運用其本身的版本學專業知識，推論該《龍龕手鑑殘本》應是屬於南宋
紹興年間的明州刊本；第三部分，以該《龍龕手鑑殘本》與其他藏書家所藏
的《龍龕手鑑》互作比校，確認各版本間的先後順序和承繼關係；第四部
分，爲考證結果及全文作總結；第五部分，記載該《龍龕手鑑殘本》上的藏
書印記。

　　大抵來說，這樣的「敘述結構」乍讀之下與〈宋刊本爾雅疏跋〉頗爲相
似，但仍有三點足以顯示二者的不同。其一，〈宋刊本爾雅疏跋〉是先作比校，
再以版本學專業知識作推論，而《龍龕手鑑殘本》的「提要」則相反；其二，
在「總結」的部分，〈宋刊本爾雅疏跋〉有提出對於某版本學議題的見解，而
《龍龕手鑑殘本》的「提要」總結則具有針對性，係針對《龍龕手鑑殘本》
的考證結果作爲全文的總結；其三，〈宋刊本爾雅疏跋〉中並未有任何藏書印

〔註48〕同註42，不著頁數。
〔註49〕同註42，不著頁數。
〔註50〕同註42，不著頁數。

記的說明，《龍龕手鑑殘本》的「提要」中則有明確的記載。而這三點的差異性，清楚地揭示了王國維所撰有關圖書版本、目錄學的「跋」和「藏書志提要」，雖然同樣針對對象為某「書籍」，但因二者的目的性質不同，故「敘述結構」自然略有所異。蓋「跋」的論述的議題層面可大可小，大可談論版本學上的議題作為全文總結，而如「藏書印記」等較細微之事則可記、可不記；但「藏書志提要」則不同，各條「提要」皆為單獨針對某「書籍」而撰，必須以該「書籍」作為論述主軸，詳細記載該「書籍」的一切客觀表徵，亦需盡可能的環繞該「書籍」作總結，而不必擴大議題範圍使焦點偏移。見「跋」與「藏書志提要」最大不同之處，猶有一例可為代表，按《傳書堂藏善本書志》記「宋刻本」《爾雅疏》一條，文中多與〈宋刊本爾雅疏〉重出，但於文末卻仍回歸針對該本《爾雅疏》作敘述；可見「藏書志提要」相較「跋」而言，更為側重於對於「書籍」本身的說明。〔註51〕

　　事實上，《龍龕手鑑殘本》的「提要」在《傳書堂藏善本書志》中算是較為長篇的，篇幅達三十五行之多；至於其他的書目「提要」篇幅較短，其中的「敘述結構」與《龍龕手鑑殘本》的「提要」有所不同。以記載「明影宋鈔本」《諸儒集註永嘉陳先生兩漢博議》一條為例，文中未見記有行款格式、藏書印記，但記有「牌記」、存藏源流和王國維個人的考證過程；此外，亦有王國維對於該書內容的看法，其言：「前九卷論史實，即依紀傳次序，卷十後多論制度。則分類論之中，多陳事實，不盡議論也。」〔註52〕此例明顯與《龍龕手鑑殘本》「提要」的「敘述結構」大不相同，但無論如何仍是以該「書籍」為主的總結。

　　從上述對於王國維「提要」的「敘述結構」的分析，我們大致觀察出四項特點：一、王國維所撰寫的「讀書記」，相較於「藏書志提要」而言，王國維個人的主觀意識較為突出，措辭亦較為強烈，其中的「敘述結構」與「藏書志提要」也有明顯的差異；二、《五代兩宋監本考》、《兩浙古刊本考》二書，因敘述的目的對象與《傳書堂藏善本書志》略有不同，故著錄的內容、格式亦有所區別；三、縱使為同一本書（如《傳書堂藏善本書志》），但書中所記

〔註51〕按洪國樑，《王國維著述編年提要》考〈宋刊本爾雅疏跋〉稿成於 1920 年，而《傳書堂藏善本書志》成於 1923 年；雖有可能《傳書堂藏善本書志》記「宋刻本」《爾雅疏》一條與〈宋刊本爾雅疏跋〉幾乎為同時撰成，但就其內容來看，恐怕〈宋刊本爾雅疏跋〉亦較《傳書堂藏善本書志》所記為先。

〔註52〕王國維，《傳書堂善本書志·五》，不著頁數。

載之諸條「提要」的「敘述結構」，亦不盡然完全相同，會因應各「書籍」不同的客觀條件而有所調整；四、無論各條「提要」的「敘述結構」有何不同，但其敘述核心皆是以各「書籍」爲主；換句話說，即欲論何「書」便以何「書」爲主，而較不會偏離核心討論其他相關議題。此爲王國維所撰「提要」的四項重要敘述特徵。

第三節　書寫模式和筆法

　　透過上述對於王國維圖書版本、目錄學著作的「內容型式」和「敘述結構」的說明，大抵已觀察出其該類著作的文章屬性及雛形結構，進一步我們將以「書寫模式和筆法」作爲觀察面向，瞭解王國維於撰寫此類題材的文章時常用的書寫模式、筆法，進而思考、找尋解讀王國維圖書版本、目錄學著作時，可能且較爲有效的切入角度和思維方式。本節規劃由「書寫模式」、「書寫筆法」二方面著手，觀照王國維圖書版本、目錄學著作的書寫情形。

一、書寫模式

　　曹丕〈典論・論文〉云：「文以氣爲主，氣之清濁有體，不可力強而致。譬諸音樂，曲度雖均，節奏同檢，至於引氣不齊，巧拙有素，雖在父兄，不能以移子弟。」此謂因人之異，而所爲文之氣必有所不同；同樣的，任何的「文獻」，因爲編撰者的不同，最後所呈現出的「文獻」成品，也必然會有著差異性存在。更細緻的來說，不同的「文獻」編撰者，會因爲過去個人的學習經驗、生命歷程、家庭背景、政治傾向……等各種因素，在寫作或編撰「文獻」時，所揀擇、篩選和側重的重點會不盡相同；即使是同樣一條史料，但在不同的「文獻」編撰者筆下，最終所呈現的樣貌必然不會完全相同。這種「文獻」成品差異性的產生，其中一項重要關鍵，即是在於編撰者所採用的「書寫模式」的不同，導致不同的「文獻」樣貌的呈現，進而則可能出現截然不同、甚至對立的解讀系統。

　　周彥文認爲「任何文獻的編撰者，應該都會呈現出一種模式化的『書寫模式』」〔註53〕無論編撰者是有意或無意，最後所呈現出的「文獻」，皆應該

〔註53〕周彥文，〈書寫模式與文獻解讀〉，收錄於東吳大學中國文學系、臺北大學古典文獻學研究所合編，《第一屆中國古典文獻學國際研討會》會議論文集，該文頁3。

會內含著某種型態的「書寫模式」；而藉由掌握、瞭解其中的「書寫模式」，即有利於我們找到其中一種可依循的解讀文獻的脈絡。因此，本部分擬先針對周彥文〈書寫模式與文獻解讀〉一文中，所提及的「定向書寫」、「實寫」與「虛寫」略作概述，進而檢視王國維圖書版本、目錄學著作所採用的「書寫模式」。

（一）書寫模式類型

1. 定向書寫

　　周彥文〈書寫模式與文獻解讀〉根據「文獻」類型的不同，分析其內在書寫行為的發生情形，其云：「除了創作型的文獻之外，其他文獻的編撰都是一種後設的行為。」〔註54〕任何「文獻」的完成，必然有其時序上的先後，除最原始的創作型的「文獻」之外，後續的「文獻」皆為依循著該原始文獻所進一步發展、論述而成，而在這些所謂「後續的『文獻』」之中，同樣有著孰先孰後的時序問題；換言之，除原始創作型「文獻」之外，其餘都可算是經由「後設的行為」而成的「文獻」。既然「文獻」有其先後編成之順序問題，則各自所能掌握文獻資源的數量自然也會有所差異，當然這也涉及到當下時空的其他客觀因素，如：政治、兵燹或其他各種天災人禍，皆可能影響文獻資源的收藏及利用情形，但就時間脈絡而言，後出者理當較先出者所能參考的「文獻」為多，因此在材料的取捨上，也會有較多的選擇機會。

　　周氏進一步說明這種文獻材料上的「選擇機會」，其云：

> 文獻的編述或是鈔纂，都是以原有的原始資料做為依據，做後設性的書寫。因此，文獻的編撰者可以先據其不同的目的，訂定其書寫方向，並配合其方向，做資料上的取捨。這其中，當然有某些文獻是編撰者客觀的將資料全面呈現，以便後世之解讀者自行下判斷者；但是也有某些文獻是在編撰者主觀的意志下，固定一個取捨方向，用以導引解讀者的現象。〔註55〕

當「選擇機會」產生時，每一個被「選擇」的材料背後，往往會體現出該「文獻」編撰者本身的編撰邏輯、特定目的或取向。例如：編撰某偉人的「傳記」時，在選擇書寫的材料時，泰半會以選取適當、符合「偉人」形象的文獻為主，至於該對象其他不足以型塑「偉人」形象，或可能造成負面觀感的材料，

〔註54〕同註53，該文頁3。
〔註55〕同註53，該文頁4。

即可能會被捨棄不取，或者輕筆帶過而不多加著墨，目的不外乎是爲了凸顯所描述對象的「偉人」形象。另一方面，周氏也提到這類型的書寫模式，固然不乏客觀的文獻資料全面呈現，但這仍無法完全避免編撰者本身主觀意志的參與；意即編撰者可能因爲本身的好惡、學術背景、政治干預……等各種因素，而於選取文獻材料的過程中，加入了自我的主觀意志，甚至意圖導引解讀者走向其設定好的詮解系統中，而這類型的「書寫模式」，周氏即謂之「定向書寫」。

故此，周氏爲「定向書寫」立下定義，其云：「作者先給予某人或某事一個歷史定位，然後依其定位給予固定方向的描寫，並藉此造成讀者心目中的特定形象。」〔註56〕此說似乎意味著這種「定向書寫」的模式，編撰者的主觀性及導引性較爲明顯；即編撰者透過主觀的意志選擇所使用的文獻資料，導引解讀者對於某人、某事的歷史文化定位與其心目中的期待、觀感相符。

2. 實寫與虛寫

「實寫」與「虛寫」的區別，主要關鍵就在於「文獻」內容中，所指涉的對象不同，按周彥文〈書寫模式與文獻解讀〉的說法，所謂「實寫」乃指「文獻中會提出具體的形象、事例、操作方式」〔註57〕者，文獻中「只書寫抽象的意念，或是空泛的理論」〔註58〕者，則謂之「虛寫」；簡單來說，「實寫」是寫具體的實務，而「虛寫」則是寫抽象的理念，二者各自的基本概念是相對立的。

固然「實寫」與「虛寫」的基本概念爲對立情形，但這並非意味著二者是呈現絕對切割的關係。事實上，「實寫」與「虛寫」在同一則「文獻」中，往往會以二者並陳的方式呈現；不過，多半會受到編撰者本身的書寫目的、背景或欲傳達之理念不同等因素影響，使得各自在文中所佔的比重、程度有所不同；而根據文中「實寫」、「虛寫」的比重、程度不同，即能大致認定該文獻主要的書寫模式爲「實寫式」或是「虛寫式」。綜觀上述，周氏爲「實寫」與「虛寫」所立下的定義爲「以具體或抽象兩種不同的寫作模式，配合作者不同的寫作目的或背景，以傳達作者的特定理念。」〔註59〕

〔註56〕同註53，該文頁1。
〔註57〕同註53，該文頁8。
〔註58〕同註53，該文頁8。
〔註59〕同註53，該文頁3。

　　除此之外，「虛寫」往往會與另一種書寫模式——語言系統構成一個互補的機制。所謂「語言系統」的書寫模式，係指「每一種文本都會在其理念下，選擇符合其學術背景的語言系統來作爲論述的語言；或是在其時代影響下，寫出的一定是屬於該時代或是該時代以前的語言系統」〔註60〕周氏以朱熹《小學》爲例，指出其書中所闡述之理念，蓋出自儒家的語言系統；簡單來說，當一文獻編撰透過「虛寫」的方式闡述其理念時，其所擅用的語彙系統和所持的價值判斷標準，多半會在其編撰的過程中自然流露。因此，若遇無明確標注或來源可疑之文獻，即能透過檢視其「虛寫」和「語言系統」的書寫模式，初步判別其可能所屬的文化系統、知識領域或其他的相關資訊。同理可推，透過檢視「實寫」對於事物的具體形象、事例及操作方式的書寫，亦有助於我們對於實際事物的考證和判定，例如藉由對「食物」的色、香、味或料理所用食材的描述，通曉各地域飲膳文化者便有可能可以對該文撰者所身處的位置作初步的判定；又如某書描寫一區域文化及當地人的生活情形，卻無明確記載所指爲何時何地，則藉由其對於當地的情形描述，或者猶有推知其所述地區、時間大致範圍的可能性；換言之，藉由檢視對於「圖書」具體形象的「實寫」，則猶能倚之爲推斷某圖書版本的憑據之一。

　　綜觀上述，檢視文獻「實寫」或「虛寫」的書寫模式，往往能夠推知、解讀出一些隱藏在「文獻」背後的內在意涵，進而便有可能形成另一種別於以往的新詮解系統或學術論題。

（二）王國維圖書版本、目錄學著作的書寫模式

　　透過上述對於「定向書寫」及「實寫與虛寫」的認識，進一步將以王國維圖書版本、目錄學著作作爲檢視對象，確認其該類文章，包括序、跋、提要等的書寫模式。

　　首先以「定向書寫」作爲檢視角度，王國維圖書版本、目錄學著作個別篇章的書寫模式，似乎與周彥文所持「定向書寫」的義界不大相符，以《傳書堂藏善本書志》爲例，其各則提要內容或爲記載所見圖書版本之客觀表徵，或爲考據該書的版本源流，字裡行間並無明顯王國維個人主觀意志或預設立場的導引情形出現。但是，若根據《傳書堂藏善本書志》撰寫提要的情形來看，王國維以較長篇幅撰寫之提要者，該書之版本多半是以宋、元本爲多，

〔註60〕同註53，該文頁12。

其他如明、清本或校本、鈔本等，則擇其要者或有深入考據之必要者，方以較長篇幅爲之作提要。因此，倘若放寬「定向書寫」的定義，無論王國維是有意或無意，當他在爲某版本的圖書作提要時，似乎也就能同時徵見王國維在賞鑑圖書版本時的某種預設心態；換言之，縱使提要中未見王國維刻意要爲某種圖書版本樹立正面或負面的形象，但就其爲不同圖書版本撰寫提要的情形觀察，未嘗不可見某些種類的圖書版本於其心中的特別定位。

相較於「定向書寫」，採以「實寫與虛寫」的角度檢視王國維圖書版本、目錄學著作似乎更爲適宜。事實上，周氏也曾提到「文獻」的書寫模式絕不僅「定向書寫」及「實寫與虛寫」二種而已，各種書寫模式不過是提供解讀者不同的解讀途徑和角度，這不代表各種「書寫模式」彼此絕對不相容；換句話說，無論是以「定向書寫」或「實寫與虛寫」，甚至是「語言系統」、「空窗現象」或其他周氏未提及的書寫模式進行解讀，皆僅是解讀「文獻」的其中一種方式〔註61〕；故此，知「文獻」本身並無絕對的「書寫模式」屬性，所謂「書寫模式」僅是提供解讀者對於「文獻」可能的解讀途徑。

王國維圖書版本、目錄學著作之內容，所針對的對象係以圖書爲主，並非以闡釋或傳達某種理念爲主，故筆者以爲王國維此類型的著作應偏屬「實寫式」。以《傳書堂藏善本書志》記載「《聖宋文選全集》三十二卷，宋刊宋印本」一條爲例，王國維云：

> 每半葉十六行，行二十八字，白口細字，板心有字數暨刻工姓名，避宋諱訁構、愼二字，而敦、廓二字不避，蓋孝宗朝刊本也。目錄及卷五、卷二十九三卷後題並云「聖宋文選前集」，他卷前後題均云「全集」；而「全」字皆有剜改之跡，其核心亦題「文選前」三字，「前」字亦剜去，惟餘十許葉未剜，蓋此三十二卷本係前集……是此書有前、後集後，後集板亡，乃改「前集」爲「全集」，書中卷數、字亦有剜改之跡，然皆宋人所爲也。何義門《讀書記》稱此書爲建本，然板心所記刻工姓名，如方至、方堅，與南宋刊本《玉篇》、《廣韻》刻工同。此三書字體清勁，非建陽刊本所能及也。……有「菉圌士禮居藏」、「性喜讀未見書」、「煦齋藏棄」、「介文珍藏」、「司寇

〔註61〕 空窗現象：係指「從對立面的角度，探就有哪些文獻資料室編撰者沒有寫入書籍中的，並以此推論編撰者刻意不寫什麼，或是當時有哪些資料是不存在的。」詳見周彥文，〈書寫模式與文獻解讀〉，該文頁12。

之章」諸印。〔註62〕

王國維首先針對該《聖宋文選全集》的外在客觀表徵，包括行數、字數、版型、字體及刻工等皆有詳細記述；此外，由於該書有字被剜去修改的痕跡，王國維對此亦有記述，並且針對該書剜改處的發生原因進行考證；其他如刻工姓名記於書的何處，還有字體、藏書印等客觀表徵，王國維無一不做詳實記載。而這些對於書籍外在客觀表徵的記述，皆屬於具體形象的描繪，即若是對於考證過程的敘述，亦與周氏所提出「實寫」（具體操作方式）的定義相符，故筆者以爲本提要的書寫模式爲「實寫式」。

再有記「《萬首唐人絕句》一百一卷，明覆宋刊本」一條，其云：

> 每半葉十行，行二十字，凡七言絕句七十五卷、五言二十五卷、六言一卷，五、六言自爲起訖，不與七言卷數相承，此明嘉靖辛丑陳敬學重刊宋本，原本汪綱跋後有陳敬學跋，此本割去，蓋欲以僞宋本也。《四庫》著錄本，五、六言僅十六卷，乃不完之本。有「怡親王寶」、「父玉山房」、「賜額忠孝爲藩」、「繪音好書猶見性情醽」、「徐開任印」諸印。〔註63〕

王國維先以記述該書籍行數、字數作爲提要起首，其次說明各詩體所佔的卷數及卷數編列的方式，再以書中所見之跋文爲關鍵，考其版本刊印的情形，最後記載藏書印記。此皆屬於對該書籍具體表徵的記述，而非闡述某種抽象的概念或理念，故筆者以爲仍屬「實寫式」之範疇。

以上所舉二例，主要係爲王國維圖書版本、目錄學著作中，屬於較爲純粹「實寫」的書寫模式，但誠如上述提及「實寫」與「虛寫」往往爲兼容於同一則「文獻」之中，惟所佔比重、程度有所不同而已。以王國維〈明內閣藏書目錄跋〉爲例，其記筆記、詩集、舊地志之亡佚，乃是根據其具體所見目錄記載，故筆者以爲屬「實寫」；而其推測文獻亡佚之情形，本應屬「實寫式」範疇，然根據其所推測語句的思維脈絡，後世解讀者即可能套入諸多歷史的抽象概念，故筆者以爲這部分又與周氏所謂「虛寫式」的概念略有相符〔註64〕。其他如《傳書堂藏善本書志》記「《爾雅疏》十卷，宋刻本」一條〔註65〕，猶能徵見王國維考辨圖書版本的抽象概念。誠如吳修藝在〈王國維

〔註62〕王國維，《傳書堂藏善本書志·十六》，不著頁數。
〔註63〕同註62。
〔註64〕詳見本論文第四章〈王國維的圖書版本、目錄學〉。
〔註65〕同註42，頁67～68。

《傳書堂藏善本書志》研究〉所云：

> ……王國維則不同，像對於《爾雅疏》等書的考訂，他能夠環繞著
> 某一行格數據，從個別到一般，從抽象到具體，進行歸納和演繹，
> 並進而對同類版本和異類版本的行格特點作規律性的總結。由於上
> 升到了理論分析的高度，其論證必然嚴謹而細密，其結論也就常常
> 帶有普遍性。〔註66〕

由於王國維考訂版本，最後往往會「上升到了理論分析的高度」，故其書寫模
式即包含有「虛寫式」的成分。

綜觀上述，王國維圖書版本、目錄學著作的書寫模式，俱可徵見「定向
書寫」、「實寫」與「虛寫」等三種不同類型的書寫模式，然以較爲嚴格的角
度檢視其序跋、提要的內容，王國維所採用的書寫模式仍是以「實寫式」爲
主。換句話說，因爲王國維圖書版本、目錄學著作的主要對象爲「圖書」，而
「圖書」乃爲客觀的、具體存在的事物，是以王國維此類著作的內容，較不
屬於以闡述某種抽象的理念、概念爲主；此外，王國維撰寫此類著作的目的，
亦非刻意要凸顯個人的主觀意志，或者欲將解讀者的思維導引到某個特定方
向，而是試圖將有關「圖書」版本、目錄的相關資訊作詳實、完整的記述。
因此，筆者以爲王國維圖書版本、目錄學著作，是以「實寫式」爲主的書寫
模式進行。

二、書寫筆法

通過上述對於王國維圖書版本、目錄學著作書寫模式的探討，大抵確認
了王國維該類著作的書寫模式的屬性；而進一步擬針對王國維圖書版本、目
錄學著作的書寫筆法做探討，分以「平實流暢的書寫筆法」、「介於『文學語
言』和『科學語言』之間」及「王國維主觀意志、情緒的書寫」三方面，檢
視其撰寫此類著作時常用的筆調或鋪陳方式，進而思考這種書寫筆法可能會
帶給讀者什麼樣的閱讀印象和感受。

（一）平實流暢的書寫

一般來說，以考據、論證爲主的著作，往往易使人有一種艱澀難讀的刻
板印象，相較於抒情、敘事等題材的文章，較難引起讀者的閱讀興趣；但

〔註66〕吳修藝，〈王國維《傳書堂藏善本書志》研究〉，《王國維學術研究論集・二》，
頁340。

是，若此類著作其撰者本身文辭運用的能力較佳，不會令讀者在閱讀過程中，出現有閱讀障礙或距離感，則縱使該著作內容是以考據、論證為主，或者較能提高讀者的閱讀意願。以王國維圖書版本、目錄學著作來說，與其文學方面的著作相較，因所指涉的主要內容不同，整體的書寫模式亦有著相當大的差異；而考其治學領域轉變的時程順序，其乃先致力於從事文學研究，後才轉入圖書版本、目錄學的領域發展。因此，就時間發展橫軸來看，既然王國維於文學方面的成就頗受世人肯定，則當其轉入圖書版本、目錄學領域發展時，其本身早已具有相當程度的文辭掌握、運用能力；換言之，其自幼累積深厚的國學、文學底蘊，儼然已內化為他不可全然切割的一部份，而這種能力並不會因為其治學興趣的轉向而消失，是以當他治學領域轉向圖書版本、目錄學發展，在撰寫此領域的相關著作時，固然與撰寫如《人間詞話》等文學議題著作的書寫模式不同，但於文辭的掌握、運用方面，仍有其相當程度的能力。

　　以王國維〈宋刊本爾雅疏跋〉為例。在上文〈敘述結構〉的部分，曾針對〈宋刊本爾雅疏跋〉的「敘述結構」作分析，認為大抵可分為四個部分，書寫策略大抵為「由小至大」，採「點、線、面」的論述方式進行。在〈宋刊本爾雅疏跋〉一文中，王國維所提出的證據與證據之間，以及每個推論結果和接續要論證的段落主題，幾乎可說是一環緊扣一環，使得全文之論證結構緊密而詳實。再進一步精細分析王國維〈宋刊本爾雅疏跋〉所採用的論證方式，係為先以諸線索推論出一論點，再以該論點作為其中一條線索，並與其他線索相結合得到另一論點，如此層層推進的論證方式，相較於以「單一線索得單一結論」或「諸線索得單一結論」的論證方式，雖然略顯複雜卻不至於失其條理。因此，在讀者的閱讀感受上，也就較容易感受到王國維「流動」、「前進」和「連續」的論證邏輯和思維脈絡。

　　再者，〈宋刊本爾雅疏跋〉並非長篇大論之作，全文尚不及千字，然綜觀其全文，論證過程並無因此而多有疏漏，反能建構出一套精密、詳實的論證系統；筆者以為，王國維在論證過程方面，雖是以平實之筆法開展論述，然其一方面既能清楚地掌握諸條線索，又能在短短數言間，即建構出一套完整的論證系統，均能見王國維對於文辭掌握、運用的能力。此外，無論是舉證、闡明論點或是轉換論證焦點的過程中，在文辭語句的選擇和安排上，少見有拗口艱澀的詞彙和用語出現，並且前、後論點間銜接密合，文氣一脈相

承，故不至於使讀者容易產生突兀或窒礙等負面的閱讀感受，而是以一種平實流暢的筆法，精確、清楚地呈現其完整的論證過程。誠如吳修藝對王國維在圖書版本學方面成就的評價，其云：

> 王國維在版本研究上所以能超越別人，還在於他善於從個別的版本現象上升爲理論概括。在版本研究中，雖然他也講用紙、避諱、刻本、字體、印章、墨色、書口、行款、高廣等等，但他沒有囿於孤立靜止的鑑賞品評，而是把這些要素融會分類、歸納、演繹等等方式之中，抽象概括地對他們進行研究。〔註67〕

王國維除了記述該「書籍」的用紙、避諱、刻本、字體、印章……等外在客觀表徵之外，於其對圖書版本源流的考證過程中，其所採取的處理方式並非僅將資料、線索逐一條列，而是將其相關資料、線索進行統整，以文章形式呈現考證推論過程，清楚揭示各條資料、線索之間的連結關係，頗能徵見其「流動」、「前進」和「連續」的論證邏輯和思維脈絡，是以吳氏謂其「沒有囿於『孤立靜止』的鑑賞品評」。

（二）介於「科學的語言」與「文學的語言」之間

從「語言」的角度觀察王國維圖書版本、目錄學著作的書寫筆法。韋勒克（Rene Wellek, 1903～1995）曾於《文學論》中，提出「科學的語言」與「文學的語言」的說法。所謂「科學的語言」，韋勒克云：「理想的科學語言是純粹的『指示性的』：它的目的是符號和意義之間一個對一個的對應。……符號同時也是透明的，那就是說它自己本身並不吸引人們的注意，而直接一目瞭然地指示我們以它的意義。」〔註68〕即符號和意義之間的對應關係是固定的，爲純然「無言外之意的」〔註69〕。而「文學的語言」，韋勒克云：

> 它（指「文學的語言」）有很多雙關語；它同其他每一種歷史性的語言一樣，充滿了同義字，不定的和無理的部分，像文法裡的性別等等；它同時也包括了很多歷史的事件、回憶和聯想。總而言之，它是高度「暗示性的（梁伯傑譯爲「有言外之意的」）」。再者，文學語

〔註67〕 同註66，頁340。

〔註68〕 韋勒克、華倫（Austin Warren，1899～）著、王夢鷗、許國衡譯，《文學論——文學研究方法論》（臺北：志文出版社，1996年），頁33。

〔註69〕 參見韋勒克、華倫著、梁伯傑譯，《文學理論》（臺北：水牛出版社，1991年），頁15。

言還不是僅僅指示性的。它有它表達的一面，他傳達了說話人或作
者的語調和態度。並且它並不僅僅是說明或表達它說的是什麼，同
時也想影響讀者的態度，說服他，到頭來改變他。〔註70〕

此外，韋勒克更提出了「文學的語言」和「科學的語言」之間的區別界線，
其云：「前者（指「文學的語言」）強調符號的本身，即是字音的象徵性，以
及各種技巧，像音步、頭韻和格律等都被注意而加工製造。」〔註71〕簡單來
說，「文學的語言」具有雙關語、不定、多義和高度暗示性（即「有言外之
意」），強調符號的本身和技巧的使用；並且透過「文學的語言」的表達，對
於讀者而言，具有微妙的影響力。此外，韋勒克亦曾提出「日常語言」，指出
「日常語言」的用途多元，除作為溝通之用外，亦會為其他目的而使用；並
且除了如俗話、商業語言、宗教用語……等屬「日常語言」的範疇之外，亦
可能偶發性地出現「文學的語言」或「科學的語言」。〔註72〕

　　沈謙《文學概論》，為韋勒克所謂「科學的語言」、「日常的語言」和「文
學的語言」之間的區別，作出較為精鍊且具體的註解，其謂：「科學的語言、
日常的語言，語文本身只是一種符號工具；文學的語言，語文本身卻需講究
其技巧與藝術性。」〔註73〕即技巧和藝術性，是區別「文學的語言」和「科
學的語言」、「日常的語言」之間差異的重要關鍵。

　　從韋勒克為「科學的語言」、「文學的語言」及「日常的語言」所下的義
界，檢視王國維書寫圖書版本、目錄學著作時所使用的「語言」。在上節〈敘
述結構〉的討論過程中，可以發現王國維圖書版本、目錄學著作有其嚴謹的
敘述結構，而且文中所使用的字句、語文，並非「只是一種符號工具」，在字
句、語文的排列組構方面，有其必須講究的某種技巧；因此，降低了王國維
圖書版本、目錄學著作是使用「日常語言」書寫說法的可能性。其次，王國
維圖書版本、目錄學著作中，某些字句的屬性，偏向提供某種資料性或知識
性的意義，卻又不是韋勒克所謂「純粹指示性」，仍有其意義上的不定性、多
元性，甚至是某種「暗示性」，故也無法將之歸類為絕對的「科學的語言」；
但在某種意義上，仍有部分字句的屬性接近廣義的「科學的語言」，如：明刊

〔註70〕　同註68，頁33。
〔註71〕　同註68，頁33。
〔註72〕　詳見韋勒克、華倫著、王夢鷗、許國衡譯，《文學論——文學研究方法論》，
　　　　　頁34～35。
〔註73〕　沈謙，《文學概論》（臺北：五南圖書出版公司，2002年），頁28。

本、白口、版心……等專有名詞。而在書寫考據、論證過程時，一者是其乃以「文章」的型式呈現，且各條資料、線索之間亦提供讀者完整的邏輯連結關係，此間必然得透過某種程度的敘述「技巧」方能完成，因此就「技巧」方面，筆者以爲符合沈謙對於「文學的語言」一詞的註解；但是，若與其他所謂「純文學」的作品相較，則該類著作的「藝術性」又相形弱勢許多，故也無法將之歸於高度，甚至是絕對的「文學的語言」範疇中。

　　既然王國維圖書版本、目錄學著作所使用的書寫「語言」，無法將之全然歸於「文學的語言」或「科學的語言」任何一方，但從中卻又能察見二種「語言」的部分特性；因此，筆者以爲王國維圖書版本、目錄學著作的書寫「語言」屬性，應是介於「文學的語言」及「科學的語言」二者之間。

（三）王國維主觀意志、情緒的書寫

　　由於王國維圖書版本、目錄學著作中，偶有發自其個人主觀意志、情緒的語句出現，而這些王國維的主觀意志、情緒之詞，往往就是觀察其對於某圖書版本、目錄評價的重要關鍵。以王國維〈明內閣藏書目錄跋〉爲例，其對於新、舊藏書目錄中的新、舊地志的記載差異，以及古地志亡佚一事，於文中可見其發自內心的懷疑和感嘆之詞，其謂：「……吁，可異已……眞可惜也。」由此遂能徵見王國維對於明代內閣藏書目錄的不信任感，亦對當時人保存古地志文獻的觀念有所微詞。

　　再以《傳書堂藏善本書志》記「宋刊本《聖宋名賢五百家播芳大全文粹》」一條爲例，其云：「……今徐氏本已不知存亡，此本雖稍闕，猶是宋槧宋印，又爲吾鄉劉疎雨故物，重可寶已。疎雨藏書，爲嘉、道間吾鄉之冠……。」〔註 74〕由此略可徵見王國維對於宋刊本的評價，姑且不論此書乃因其同鄉所藏而貴重的略嫌主觀的說辭，就其說法「此本雖稍闕，猶是宋槧宋印」一句，足見其對於「宋刊本」的認同度，否則若此闕本爲明本、清本，恐怕王國維未必會如此讚揚。另見王國維撰宋刊宋印本《詩準》、《詩翼》一條提要，云：「……此本目錄具存，無岣嶁山碑，則館臣所見自是明人屬雜之本，惜未見此宋刊宋印本。」〔註 75〕此間透露出四庫館臣所見《詩準》、《詩翼》之版本，應當屬於「明本」；而其用「惜」一字，已然徵見其對於「宋刊宋印本」與「明本」之間的評價認同差異，頗具「一字褒貶」之

〔註 74〕同註 62，不著頁數。
〔註 75〕同註 62，不著頁數。

氣勢。

　　從上述諸例來看，這種發自王國維內心主觀意志、情緒的語句，似乎與其文學理論中所提到的「眞」頗相呼應。試想，若非王國維對於「圖書」，心中已然存有某些的主觀評價、情感投射和某種期許心態，則其僅需以全然客觀之立場記述所見圖書版本、目錄即可，何以於序跋、提要文中忽發有其主觀意志、情緒之語句；由此可見，當王國維撰寫此類以考據、論證爲主的著作時，仍投有相當程度的眞實情感。因此，藉由觀察王國維圖書版本、目錄學著作中，不時流露出其眞實情感的書寫筆法，筆者以爲此即與其文學理論中所謂「眞」有所呼應。〔註76〕

　　綜觀上述，王國維圖書版本、目錄學著作的書寫筆法大抵有三項特點：（一）其筆法「平實流暢」，不易使讀者產生文辭上的閱讀障礙，並且能夠完整呈現其「流動」、「前進」和「連續」的論證邏輯與思維脈絡。（二）王國維圖書版本、目錄學著作所使用的書寫「語言」，無法將之全然歸類爲「文學的語言」或「科學的語言」任何一方，但又兼有二者的部分特性，故其屬性應是介於「文學的語言」及「科學的語言」二者之間。（三）王國維於其圖書版本、目錄學著作中，偶有表現個人主觀意志、情緒之字句，此類字句往往簡短，背後卻蘊含王國維個人對於某圖書版本、目錄的評價標準，頗具「一字褒貶」之氣勢，同時亦可作爲解讀王國維圖書版本、目錄學著作的關鍵之一；另一方面，藉此可觀察到王國維撰寫圖書版本、目錄學著作時其眞實情感的流露，與其文學理論所主張之「眞」有所呼應。

小　結

　　總結以上討論，我們大抵能夠觀察到王國維圖書版本、目錄學著作的幾項書寫情形：（一）就著作的「內容型式」而言，係以「序」、「跋」或「提要」爲主要的呈現型式；（二）「序」、「跋」與「提要」，因三者所側重的敘述焦點各異，故在「敘述結構」方面亦有所不同；（三）王國維撰寫此類題材的著作，所使用的書寫模式大抵以採用「實寫式」爲主，但仍有部分內容兼具「虛寫式」的特性；（四）以「平實流暢」的書寫筆法，透過文章形式呈現考證推論過程，清楚揭示各條資料、線索之間的連結關係，從文中即能徵見其「流動」、

〔註76〕王國維所謂「眞」的概念，詳見本論文第三章〈王國維的文學批評〉。

「前進」和「連續」的論證邏輯和思維脈絡；（五）其所使用的書寫「語言」，兼具「文學的語言」和「科學的語言」的部分特性，故之屬性應介於二者之間，不全然歸於任何一方；（六）王國維於其圖書版本、目錄學著作中，有部分爲其個人主觀意志、情緒的書寫，而此種書寫筆法既顯現出王國維「一字褒貶」的論證氣勢，二則可與其文學理論所謂之「眞」相爲呼應。透過以上從「內容型式」、「敘述結構」與「書寫模式及筆法」三個不同面向的耙梳，大抵能徵見王國維圖書版本、目錄學著作的書寫情形。

結　語

　　圖書版本、目錄學著作，因受其本身內容、體制……等因素限制，常被視為純粹資料性或客觀知識性的專著，而其中的「書寫情形」相對較容易被忽略；而自《漢書‧藝文志》創「提要」（或稱「敘錄」）體制以降，敘述一書之內容大意，即「撮其旨意」的概念已然成形，但如何清楚說明各書之內容大意，並且達到「撮其旨意」的理想目標，則此莫不與撰者本身的閱讀和書寫能力有密切關連。

　　明清時期，圖書版本、目錄學發展近臻高峰，許多圖書目錄的「提要」內容，開始對於版本鑑別、刊刻情形、版式行款……等相關知識多有著墨；此外，亦不乏有學者和藏書家，將研究圖書版本、目錄學的心得和成果撰成專門之著作。然而，倘若學者和藏書家本身的文辭掌握、運用能力不佳，無法充分將其研究心得、成果和其他相關知識，作清楚、詳細的表達和說明，恐怕縱使其有優秀的文獻掌握及解讀能力，仍難以令讀者充分理解其所要表達的確切內容和意義；換言之，若作者能夠將研究圖書版本、目錄學的心得、成果及其他相關知識，作清楚、詳細的敘述和說明，使讀者能夠充分理解作者所要表達的確切內容和意義，則該作者本身勢必得具備一定程度的書寫能力。

　　而王國維於「文學」方面的成就備受推崇，對於文辭的掌握及運用的能力，表現亦屬不俗，並且在「圖書版本、目錄學」研究方面建樹良多；因此，本論文即選擇以王國維圖書版本、目錄學著作為研究文本，嘗試從「內容型式」、「敘述結構」、「書寫模式和筆法」等方面，觀照王國維圖書版本、目錄學著作的書寫情形。希冀透過本論文檢視王國維圖書版本、目錄學著作的書

寫情形，能夠提供另一種閱讀、研究圖書版本、目錄學著作的可能途徑和角度，藉以作爲後續研究參考之用。在此研究動機驅使下，本論文即針對王國維圖書版本、目錄學著作的書寫情形進行研究。茲就本論文研究成果和後續研究展望，簡述如下：

一、研究成果

本論文除第一章〈緒論〉之外，第二章〈王國維生平及其時代背景〉，係探討王國維所身處的時代背景及當時的藏書文化發展情形；其次，針對王國維的生平、治學歷程、治學態度、治學方法和交遊情形等進行瞭解，藉以觀照王國維治學領域轉向「文獻學」發展的相關原因。而透過本章的論述，大抵歸納出王國維治學領域轉向「文獻學」發展的幾項可能原因：（一）王國維本身心路歷程及治學興趣的轉變；（二）有許多古代文獻在當時大量出土和被發現；（三）因當時社會動盪不安，導致以往被秘藏的珍貴文獻資源大量散出；（四）王國維所結識友人中，不乏藏書家和善治「文獻學」之學者。

第三章〈王國維的文學批評〉，透過對於王國維的文學批評著作的梳理，進而分從「文學主張」和「文學理論」二方面，探討王國維的文學批評整體樣貌。在「文學主張」方面，王國維認爲「文學」具有獨立存在價值、慰藉人心的功能、性質爲「景」與「情」融合，以及主張「代變說」的文學發展概念；而在「文學理論」方面，則以王國維所標舉的「眞」、「美」及「境界說」爲主要焦點，針對此三項理論進行探討。

第四章〈王國維圖書版本、目錄學〉，主要探討王國維研究圖書版本、目錄學的方法、態度及成就。在版本學方面，研究情形大致有：（一）鑑別版刻方法多元；（二）善於結合其他學科知識，以考辨圖書的版刻源流；（三）檢視版刻的態度客觀並多有創見；（四）對於「唐寫本」及「明鈔本」多有研究；（五）凡事講究證據，強調「以事實決事實」。在目錄學方面，研究情形大致爲：（一）編纂《傳書堂藏善本書志》，而藏書志在「考訂」和「體例」方面，皆能察見王國維治學用心及其獨到之處；（二）校治書目，如《直齋書錄解題》、《文淵閣書目》、《千頃堂書目》……等，王國維對於書目內容多有訂補；（三）考察過去對於圖書文獻的典藏存佚情形。

第五章〈王國維圖書版本、目錄學的書寫情形〉，藉由三、四章的梳理，大抵瞭解王國維於「文學批評」與「圖書版本、目錄學」方面的整體研究情

形；而本章則進一步探討「王國維圖書版本、目錄學的書寫情形」，分別從「內容型式」、「敘述結構」、「書寫模式和筆法」等面向進行探討，觀察到王國維圖書版本、目錄學作「書寫情形」的幾項重點：（一）著作的「內容型式」係以「序」、「跋」或「提要」爲主要呈現型式；（二）「序」、「跋」與「提要」各自的側重焦點不同，故「敘述結構」亦有所異；（三）王國維撰寫此類題材的著作，所使用的書寫模式大抵以採用「實寫式」爲主，但仍有部分內容兼具「虛寫式」的特性；（四）以「平實流暢」的書寫筆法，透過文章形式呈現考證推論過程，清楚揭示各條資料、線索之間的連結關係，從文中能徵見其「流動」、「前進」和「連續」的論證邏輯和思維脈絡；（五）該類著作所使用的書寫「語言」，兼具「文學的語言」和「科學的語言」的部分特性，故其屬性應介於二者之間，不全然歸於任何一方；（六）王國維於其圖書版本、目錄學著作中，有部分爲其個人主觀意志、情緒的書寫，而此種書寫筆法既顯現出王國維「一字褒貶」的論證氣勢，二則可與其文學理論所謂之「眞」相爲呼應，同時也能藉以觀察其對於各類圖書版本、目錄所持的評價觀點。

　　綜觀以上對於本論文各章節內容所作的論述回顧，除了確認王國維於「文學批評」及「圖書版本、目錄學」方面的治學成就之外，本論文嘗試跳過討論王國維所提出的圖書版本、目錄學方面的論題，而是藉由對其著作本身的「內容型式」、「敘述結構」、「書寫模式及筆法」等不同面向進行探討，徵見王國維圖書版本、目錄學著作的整體「書寫情形」。

二、後續研究展望

　　誠如前言，王國維之學問博大精神，絕非本論文所能概括研究，故仍有許多是本論文力有未逮，尚不及探討之議題。茲於本論文所探討議題之外，提供其他相關研究方向之建議，以作爲後續研究參考之用。

　　（一）王國維所治「文獻學」涵蓋面向極廣，本論文僅就其圖書版本、目錄學著作的「書寫情形」進行分析和探討，其他如校勘學、辨僞學、訓詁學、金石學、敦煌學……等領域著作的書寫情形，爲本論文尚未論及之部分，猶待後續研究者進一步探討。

　　（二）王國維治學領域面像多元，於哲學、史學、美學、教育學……等方面皆有不俗的治學成就；因此，可嘗試就本論文觀照王國維圖書版本、目錄學著作的「書寫情形」的角度和方法，檢視王國維

於「文獻學」領域以外，其他各類學術領域著作的「書寫情形」。

（三）本論文係針對王國維圖書版本、目錄學著作的「書寫情形」作探討，進一步可就其他圖書版本、目錄學家的相關著作的「書寫情形」，與王國維的圖書版本、目錄學著作相互比較，分析、探討其中的差異性；甚至可以透過比較不同圖書版本、目錄學著作「書寫情形」的差異性，梳理出一套兼具各家圖書版本、目錄學著作優點的「內容型式」、「敘述結構」及「書寫模式和筆法」，提供後人若有志於撰寫相關論題文章、著作時的重要參考依據或範本。

除上述三項建議之外，對於現代所編撰的圖書目錄「提要」等，亦可藉由檢視其中的「書寫情形」，確認該著作的敘述結構、書寫模式和書寫筆法等，是否符合所要論述的主題對象，或者是否合於不同屬性的閱讀群眾的需求，甚至猶可借助其他如心裡學、社會學、教育學……等學科領域的知識，擴大研究面向，找尋更為適合現代閱讀者習慣、需求的「提要」書寫方式。因此，於圖書版本、目錄學著作的「書寫情形」方面，仍有許多尚未開發及深入探討的相關研究議題，猶待後續研究者的持續努力和耕耘。

參考書目

一、專　書

（一）古　籍

1. 秦・呂不韋，《呂氏春秋》，臺北：臺灣商務印書館，1968 年。

2. 晉・郭璞注、洪頤煊校，《穆天子傳》，臺北：臺灣商務印書館，1968 年。

3. 宋・沈括，《夢溪筆談》，臺北，臺灣商務印書館，1976 年。

4. 宋・葉夢得，《石林燕語》，臺北：藝文印書館，1966 年。

5. 宋・鄭樵，《通志略》，臺北：臺灣商務印書館，1968 年。

6. 明・吳訥、徐師曾，《文章辨體序說・文體明辨序說》（合刊），香港：太平書局，1965 年。

7. 明・陸深，《金臺紀聞》，臺北：藝文印書館，1966 年。

8. 明・胡應麟，《少室山房筆叢》，上海：上海書店，2001 年。

9. 清・王國維，《海寧王靜安先生遺書》，臺北：臺灣商務印書館，1976 年。

10. 清・王國維，《王觀堂先生全集》，臺北：文華出版公司，1968 年。

11. 清・王國維著、陳乃乾輯，《觀堂遺墨》，出版地不詳、出版社不詳，1930 年。

12. 清・王國維，《傳書堂藏善本書志》，臺北：藝文印書館，出版年不詳。

13. 清・王國維，《古史新證——王國維最後的講義》，北京：清華大學出版社，1994 年。

14. 清・王鳴盛，《十七史商榷》，臺北：廣文書局，1980 年。

15. 清・阮元校勘，《十三經注疏》，臺北：藝文印書館，1976 年。

16. 清‧沈德符,《萬曆野獲編》,臺北:新興書局,1976 年。

17. 清‧永瑢等撰,《武英殿本四庫全書總目提要》,臺北:臺灣商務印書館,1983 年。

18. 清‧孫從添,《藏書記要》,臺北:藝文印書館,1973 年。

19. 清‧章學誠,《文史通義‧校讎通義》,臺北:廣文書局,1981 年。

20. 清‧黃丕烈撰、繆荃孫等輯,《蕘圃藏書題識》,臺北:廣文書局,1999 年。

21. 清‧焦循,《易餘籥錄》,臺北:新文豐出版公司,1989 年。

22. 清‧林紓,《畏廬論文等三種》,臺北:文津出版社,1978 年。

23. 清‧張之洞,《張之洞全集》,石家庄:河北人民出版社,1998 年。

24. 清‧葉德輝,《書林清話》,臺北:文史哲出版社,1998 年。

25. 楊家駱主編,《新校本漢書并附編二種》,臺北,鼎文書局,1997 年。

26. 楊家駱主編,《新校本宋史并附編三種》,臺北:鼎文書局,1998 年。

27. 延聖院大藏經局編,《宋版磧砂大藏經》,臺北:新文豐出版公司,1987 年。

(二) 近人論著

1. 王夢鷗,《文學概論》,臺北:藝文印書館,1998 年。

2. 王燕玉,《中國文獻學綜說》,貴陽:貴州人民出版社,1997 年。

3. 王秋桂、王國良合編,《中國圖書‧文獻學論集》,臺北:明文出版社,1983 年。

4. 王欣夫,《文獻學講義》,臺北:臺灣商務印書館,1992 年。

5. 王運熙、顧易生主編,《中國文學批評史新編》(下冊),上海:復旦大學出版社,2001 年。

6. 王耀輝,《文學文本解讀》,武漢:華中師範大學出版社,1999 年。

7. 石洪韻、陳琦,《圖書收藏及鑑賞》,武漢:湖北人民出版社,1998 年。

8. 朱光潛,《談文學》,臺北:天龍出版社,1986 年。

9. 朱岐詳,《王國維學術研究》,臺北:文史哲出版社,1995 年。

10. 朱東潤等著,《中國文學批評家與文學批評》,臺北:學生書局,1984 年。

11. 任繼愈主編,《中國藏書樓》,瀋陽:遼寧人民出版社,2001 年。

12. 李希泌、張椒華編,《中國古代藏書與近代圖書館史料》(春秋至五四前後),北京:中華書局,1996 年。

13. 李良玉,《動盪時代的知識份子》,臺北:南天書局,1996 年。

14. 李瑞良,《中國古代圖書流通史》,上海:上海人民出版社,2005年。

15. 李致忠,《宋版書敘錄》,北京:北京圖書館出版社,1997年。

16. 李致忠,《古書版本學概論》,北京:北京圖書館出社,2003年。

17. 李瑞騰,《晚清文學思想論》,臺北:漢光文化事業公司,1992年。

18. 李澤厚,《中國近代思想史論》,臺北:三民書局,1996年。

19. 李澤厚,《美學論集》,臺北:駱駝出版社,1987年。

20. 李雪梅,《中國近代藏書文化》,北京:現代出版社,1999年。

21. 李明杰,《宋代版本學研究──中國版本學的發源及形成》,濟南:齊魯書社,2006年。

22. 吳廷嘉,《戊戌思潮縱橫論》,北京:中國人民大學出版社,1988年。

23. 吳楓,《中國古典文獻學》,濟南:齊魯書社,2005年。

24. 吳辰伯,《江浙藏書家史略》,臺北:文史哲出版社,1982年。

25. 吳澤主編、袁英光選編,《王國維學術研究論集》(一),上海:華東師範大學出版社,1983年。

26. 吳澤主編、袁英光選編,《王國維學術研究論集》(二),上海:華東師範大學出版社,1987年。

27. 吳澤主編、袁英光選編,《王國維學術研究論集》(三),上海:華東師範大學出版社,1990年。

28. 沈謙,《文學概論》,臺北:五南圖書出版公司,2002年。

29. 沈雲龍主編,《王靜安(國維)先生紀念號》,臺北:文海出版社,1981年。

30. 汪祖華,《文學論》,臺北:大眾時代出版社,1970年。

31. 杜澤遜,《文獻學概要》,北京:中華書局,2001年。

32. 余嘉錫,《目錄學發微》,北京:中國人民大學出版社,2005年。

33. 昌彼得、潘美月,《中國目錄學》,臺北:文史哲出版社,1986年。

34. 屈萬里、昌彼得著、潘美月增訂,《圖書版本學要略》,臺北:中國文化大學出版社,1986年。

35. 金元浦,《接受反應文論》,濟南:山東教育出版社,1998年。

36. 周一平、沈茶英,《中西文化交匯與王國維學術成就》,上海:學林出版社,1999年。

37. 周彥文主編,《中國文獻學》,臺北:五南圖書出版公司,1993年。

38. 周慶華,《文學圖繪》,臺北:東大圖書公司,1996年。

39. 周慶華,《文學理論》,臺北:五南圖書出版公司,2004年。

40. 周慶華,《文學詮釋學》,臺北:里仁書局,2009年。

41. 林申清編著,《明清著名藏書家·藏書印》,北京:北京圖書館出版社,2000 年。

42. 洪有豐、袁同禮等編著,《清代藏書家考》,香港:中山圖書公司,不著出版年。

43. 柯慶明,《文學美綜論》,臺北:大安出版社,2000 年。

44. 施廷鏞編著、李飛雄校訂,《古籍珍稀版本知見錄》,北京:北京圖書館出版社,2004 年。

45. 胡楚生,《圖書文獻學論集》,臺北:學生書局,2002 年。

46. 胡楚生,《中國目錄學》,臺北:文史哲出版社,2004 年。

47. 胡述兆,《中國圖書館學與目錄學名人錄》,臺北:漢美出版社,1999 年。

48. 姚淦銘,《王國維文獻學研究》,南京:江蘇古籍出版社,2001 年。

49. 姚名達,《中國目錄學史》,上海:上海世紀出版社,2005 年。

50. 洪國樑,《王國維著述編年提要》,臺北:大安出版社,1989 年。

51. 洪湛侯,《中國文獻學新探》,臺北:學生書局,1992 年。

52. 華世出版社,《王國維全集·書信》,臺北:華世出版社,1985 年。

53. 馬鼎,《天才王國維與其他》,臺北:蘭臺出版社,2001 年。

54. 袁英光、劉寅生,《王國維年譜長編(1877～1927)》,天津:天津人民出版社,1996 年。

55. 孫敦恒、錢競合編,《紀念王國維先生誕辰一二〇週年學術論文集》,廣州:廣東教育出版社,1999 年。

56. 孫欽善,《中國古文獻學史簡編》,北京:高等教育出版社,2001 年。

57. 孫欽善,《中國古文獻學》,北京:北京大學出版社,2006 年。

58. 徐有富、徐昕,《文獻學研究》,南京:江蘇古籍出版社,2002 年。

59. 徐凌志,《中國歷代藏書史》,南昌:江西人民出版社,2004 年。

60. 倫明等撰,《辛亥以來藏書紀事詩外二種》,北京:燕山出版社,1999 年。

61. 桑兵,《晚清學堂學生與社會變遷》,臺北:稻禾出版社,1991 年。

62. 桑兵,《清末新知識界的社團與活動》,北京:生活、讀書、新知三聯書店,1995 年。

63. 郭沫若,《歷史人物》,北京:人民文學出版社,1979 年。

64. 陳芳,《王國維——新史學的開山祖》,臺北:幼獅文化事業,1993 年。

65. 陳登原,《古今典籍聚散考》,臺北:河洛出版社,1979 年。

66. 陳平原、王楓合編,《追憶王國維》,北京:中國廣播電視出版社,1996 年。

67. 陳鴻祥，《王國維全傳》，北京：人民出版社，2007 年。

68. 張升，《明清宮廷藏書研究》，北京：商務印書館，2006 年。

69. 張君炎，《中國文學文獻學》，南昌：江西人民出版社，1986 年。

70. 張連科，《王國維與羅振玉》，天津：天津人民出版社，2002 年。

71. 張本楠，《王國維美學思想研究》，臺北：文津出版社，1992 年。

72. 張舜徽，《中國古代史籍校讀法》，臺北：里仁書局，1997 年。

73. 張舜徽，《中國古代史籍舉要》，昆明：雲南人民出版社，2004 年。

74. 張雙英，《中國文學批評的理論與實踐》，臺北：萬卷樓出版社，1990 年。

75. 張健，《明清文學批評》，臺北：國家出版社，1983 年。

76. 張健，《中國文學批評》，臺北：五南圖書出版公司，1992 年。

77. 張碧惠，《晚清藏書家繆荃孫研究》，臺北：漢美出版社，1991 年。

78. 張曉雲、祖保泉，《王國維與人間詞話》，臺北：萬卷樓出版社，1993 年。

79. 曹明海，《文學解讀學導論》，北京：人民文學出版社，1997 年。

80. 郭英德等著，《中國古典文學研究史》，北京：中華書局，2000 年。

81. 郭湛波，《近代中國思想史》，香港：龍門書店，1973 年。

82. 郭紹虞，《中國文學批評史》，臺北：文史哲出版社，1988 年。

83. 葉嘉瑩，《王國維及其文學批評》，臺北：桂冠圖書公司，2000 年。

84. 葉樹聲、許有才，《清代文獻學簡論》，合肥：安徽大學出版社，2004 年。

85. 黃霖，《近代文學批評史》，上海：上海古籍出版社，1993 年。

86. 黃大受編著，《中國近代史》，臺北：文史哲出版社，1987 年。

87. 黃建國、高躍新主編，《中國古代藏書樓研究》，北京：中華書局，2002 年。

88. 黃玉淑、于鐵丘，《趣談中國藏書樓》，天津：百花文藝出版社，2003 年。

89. 黃保眞、成復旺、蔡鍾翔著，《中國文學理論史：清末民初時期》，臺北：洪葉文化事業，1994 年。

90. 傅璇琮、謝灼華主編，《中國藏書通史》（上、下），寧波：寧波出版社，2001 年。

91. 傅道彬、于茀，《文學是什麼》，臺北：揚智出版社，2002 年。

92. 焦樹安，《中國古代藏書史話》，臺北：臺灣商務印書館，1994 年。

93. 葛兆光，《西潮又東風：晚清民初思想、宗教與學術十講》，上海：上海

古籍出版社，2006 年。

94. 楊樹達，《積微居甲文說》，上海：上海古籍出版社，1986 年。

95. 楊立誠、金步瀛編，《中國藏書家考略》，臺北：文海出版社，1971 年。

96. 雷紹鋒，《王國維的治學方法》，臺北：新視野出版社，1999 年。

97. 趙建國，《分解與重構：清季民初的報界團體》，北京：生活、讀書、新知三聯書店 2008 年。

98. 趙萬里，《民國王靜安先生國維年譜》，臺北：臺灣商務印書館，1978 年。

99. 裴斐，《文學概論》（原名：文學原理），高雄：復文圖書出版社，1992 年。

100. 潘美月，《圖書》，臺北：幼獅文化事業，1986 年。

101. 蔡鎮楚，《中國古代文學批評史》，長沙：岳麓書社，1999 年。

102. 蔡宗陽、余崇生主編，《中國文學與美學》，臺北：五南圖書出版公司，2000 年。

103. 盧善慶，《王國維文藝美學觀》，貴陽：貴州人民出版社，1988 年。

104. 鄭吉雄，《清儒名著述評》，臺北：大安出版社，2001 年。

105. 鄭曦原編，《帝國的回憶：《紐約時報》晚清觀察記》，北京：生活、讀書、新知三聯書店，2001 年。

106. 鄭偉章，《文獻家通考》，北京：中華書局，1999 年。

107. 鄭偉章、李萬健，《中國著名藏書家傳略》，北京：書目文獻出版社，1986 年。

108. 劉兆祐，《中國目錄學》，臺北：五南圖書出版公司，2002 年。

109. 劉兆祐，《文獻學》，臺北：三民書局，2007 年。

110. 劉兆祐，《認識古籍版刻與藏書家》，臺北：學生書局，2007 年。

111. 劉烜，《王國維評傳》，南昌：百花洲文藝出版社，1996 年。

112. 魯迅，《魯迅全集》，臺北：唐山出版社，1989 年。

113. 齊秀梅、楊玉良等編，《清宮藏書》，北京：紫禁城出版社，2005 年。

114. 蔣英豪，《王國維文學及文學批評》，香港：香港中文大學崇基學院出版社，1974 年。

115. 蔣英豪，《近代文學的世界化——從龔自珍到王國維》，臺北：臺灣書店出版社，1998 年。

116. 錢谷融主編、勞舒編校，《王國維書話》，杭州：浙江人民出版社，1999 年。

117. 蘇精，《近代藏書三十家》，臺北：傳記文學出版社，1983 年。

118. 饒懷民，《辛亥革命與清末民初社會》，北京：中華書局，2006 年。

119. 顧志興，《浙江藏書史》，杭州：杭州出版社，2006 年。

120. 龔詩堯，《《四庫全書總目》之文學批評研究》，臺北：花木蘭文化出版社，2005 年。

121. 龔鵬程，《文學與美學》，臺北：業強出版社，1995 年。

122. 龔鵬程，《文學散步》，臺北：漢光文化事業公司，1985 年。

123. 龔鵬程，《文學批評的視野》，臺北：大安出版社，1998 年。

124. Elizabeth Freund、陳燕谷譯，《讀者反應理論批評》，臺北：駱駝出版社，1994 年。

125. Rene Wellek 等著、王夢鷗等譯，《文學理論》，臺北：志文出版社，1996 年。

126. Rene Wellek 等著、梁伯傑譯，《文學理論》，臺北：水牛圖書出版社，1991 年。

127. Wolfgang Iser 著、金元浦、周寧譯，《閱讀活動──審美反應理論》，北京：中國社會科學出版社，1991 年。

二、期刊論文

1. 李長之，〈王國維文藝批評著作批判〉，《文學季刊》創刊號（北平（京）：立達書局，1934 年），頁 237～253。

2. 劉任萍，〈境界論及其稱謂的來源〉，《人間世》第十七期（1934 年 12 月），頁 18～21。

3. 董作賓，〈羅雪堂先生傳略〉，《大陸雜誌》第二十四卷第四期（1962 年 2 月），頁 34。

4. 潘美月，〈南宋重刊九行本七史考〉，《故宮圖書季刊》第四卷第一期（1973 年 6 月），頁 55～92。

5. 劉夢溪，〈王靜安先生學行小傳〉，《中國文化》第十五、十六期（1997 年），頁 32～45。

6. 趙燦鵬，〈王國維《五代兩宋監本考》〉，《書目季刊》第三十四卷第三期（2000 年 12 月），頁 11～17。

7. 李長遠，〈王國維早年的思想與情感初探（1894～1911）〉，《史繹》第三十二期（2001 年 5 月），頁 85～116。

8. 張曉生，〈王國維留日時期的學術生與生活〉，《新埔學報》第十九期（2002 年 9 月），頁 209～228。

9. 姚淦銘，〈王國維與藏書家蔣汝藻交遊考論〉，《江南大學學報》（人文社會科學版）第三卷第一期（2004），頁 44～48。

10. 吳格，〈吳興劉氏嘉業堂藏書聚散考略〉，《書目季刊》第三十七卷第四期（2004 年 3 月），頁 17～44。

11. 徐瑞香，〈析辨「提要」及其撰寫原則舉隅〉，《書目季刊》第三十八卷第一期（2004 年 6 月），頁 39～54。

12. 顧濤，〈追尋「王國維之魂」──陳鴻祥《王國維傳》揭櫫出王氏二十項重大學術成就〉，《書目季刊》第三十九卷第二期（2005 年 9 月），頁 71～76。

13. 王宏理，〈「文獻」定義之再思考〉，《書目季刊》第三十九卷三期（2005 年 12 月），頁 1～10。

14. 趙益，〈古典文獻學原理芻議〉，《書目季刊》第三十九卷三期（2005 年 12 月），頁 11～22。

15. 周彥文，〈論提要的客觀性、主觀性與導引性〉，《書目季刊》第三十九卷三期（2005 年 12 月），頁 23～38。

16. 謝開雲，〈王國維學術思想的現代性〉，《船山學刊》第六十二期（2006 年），頁 182～183。

17. 王眞眞，〈從《宋元戲曲考》看王國維的研究方法〉，《廣西民族學院學報》（哲學社會科學版）（2006 年 6 月），頁 217～218。

18. 李夏，〈淺論孔子「闕疑」治學法及其影響：以王國維對「闕疑」的認識為中心〉，《煙台師範學院學報》第二十三卷第二期（2006 年），頁 33～36。

19. 吳哲夫，〈北宋出版文化特色考述〉，《書目季刊》第四十一卷一期（2007 年 6 月），頁 11～29。

20. 江增華，〈文學的慰藉──王國維的文學功能論及其批評方法〉，《阜陽師範學院學報》（社會科學版）第一一五期（2007 年），頁 37～38。

21. 黃燕紫，〈高山仰止，景行行止──由國學大師王國維略窺國學之一貌〉，《湘潭師範學院學報》（社會科學版）第二十九卷第二期（2007 年），頁 111～112。

22. 侯書勇，〈「二重證明法」的提出與王國維學術思想的轉變〉，《鄭州大學學報》（哲學社會科學版）第四十一卷二期（2008），頁 160～163。

23. 陳亦伶，〈王亮先生談曾祖父王國維及其他〉，《國文天地》第二十三卷第十一期（2008 年 4 月），頁 102～106。

24. 蘇羽、唐豔華，〈「二重證據法」對文學研究的啓示〉，《咸陽師範學院學報》第二十三卷第三期（2008 年 5 月），頁 60～61。

25. 鄭家建、陳林男，〈清華國學研究院時期的王國維學術述論〉，《文藝理論研究》2008 年第二期（2008 年），頁 2～10。

26. 郭勇，〈現代中國作家論的萌生：論王國維與梁啓超的作家論〉，《三峽大

學學報》（人文社會科學版）第三十卷第一期（2008 年），頁 57～60。

27. 李貴生，〈純駁互見——王國維與中國純文學觀念的該展〉，《中國文哲研究集刊》第三十四期（2009 年 3 月），頁 169～204。

三、論文集論文

1. 史念海、曹爾琴，〈論王靜安先生研治歷史地理學的方法〉，《王國維學術研究論集》（二），上海：華東師範大學出版社（1987 年 5 月），頁 215～236。

2. 沃興華，〈論王國維的二重證據法〉，《王國維學術研究論集》（二），上海：華東師範大學出版社（1987 年 5 月），頁 259～271。

3. 方詩銘，〈關於王國維的《竹書紀年》兩書〉，《王國維學術研究論集》（二），上海：華東師範大學出版社（1987 年 5 月），頁 272～281。

4. 黃永年，〈論王靜安先生的版本學〉，《王國維學術研究論集》（二），上海：華東師範大學出版社（1987 年 5 月），頁 283～307。

5. 吳修藝，〈王國維《傳書堂藏善本書志》研究〉，《王國維學術研究論集》（二），上海：華東師範大學出版社（1987 年 5 月），頁 308～341。

6. 吳修藝，〈王國維校治《千頃堂書目》的成就〉，《王國維學術研究論集》（二），上海：華東師範大學出版社（1987 年 5 月），頁 342～352。

7. 吳懷祺，〈王國維的〈古史新證〉和二重證據法〉，《王國維學術研究論集》（三），上海：華東師範大學出版社（1990 年 2 月），頁 232～246。

8. 黃永年，〈論王靜安先生「二重證據法」的歷史地位〉，《王國維學術研究論集》（三），上海：華東師範大學出版社（1990 年 2 月），頁 247～259。

9. 陳耀盛，〈目錄學多層次研究對象的辯證思考——目錄學理論學習札記〉，《目錄學文獻學論文選》，北京：書目文獻出版社（1991 年 12 月），頁 49～65。

10. 陳傳夫，〈論目錄學的功能體系〉，《目錄學文獻學論文選》，北京：書目文獻出版社（1991 年 12 月），頁 66～82。

11. 謝灼華，〈簡論文學文獻與文學文獻學〉，《目錄學文獻學論文選》，北京：書目文獻出版社（1991 年 12 月），頁 132～140。

12. 邵勝定，〈說文獻〉，《目錄學文獻學論文選》，北京：書目文獻出版社（1991 年 12 月），頁 223～232。

13. 朱建亮，〈論文獻觀〉，《目錄學文獻學論文選》，北京：書目文獻出版社（1991 年 12 月），頁 233～247。

14. 高家望，〈文獻的認識論及其定義〉，《目錄學文獻學論文選》，北京：書目文獻出版社（1991 年 12 月），頁 248～258。